Technical Guide for the Application of Freeway Barriers

高速公路护栏应用技术指南

编写单位：云南省交通投资建设集团有限公司
　　　　　云南武易高速公路有限公司
　　　　　北京中路安交通科技有限公司
　　　　　云南交投集团投资有限公司
　　　　　云南武易高速公路建设指挥部
　　　　　云南楚姚高速公路有限公司
　　　　　云南云岭高速公路交通科技有限公司
　　　　　云南交投集团物资有限公司
　　　　　云南省交通规划设计研究院有限公司
　　　　　云南云岭高原山区公路工程检测有限公司

内容提要

本书针对现有护栏设置问题，以现有标准规范为基础，基于护栏宽容设计理念，建立了路侧安全防护风险评估模型，提出了高风险路段护栏设计时需考虑的因素，并对于中央分隔带开口护栏、护栏端部、护栏过渡段以及护栏视觉性能等方面，推出了多种新成果。采用计算机仿真分析，结合实车足尺碰撞试验，提出了混凝土护栏镂空和沉雕视觉提升设计方法，总结分析了新型护栏科技成果的施工指南和验收方法。

本书可供公路交通行业科研人员、设计人员以及工程管理人员参考借鉴。

图书在版编目（CIP）数据

高速公路护栏应用技术指南/云南省交通投资建设集团有限公司等编著.—北京：人民交通出版社股份有限公司，2018.10
ISBN 978-7-114-14866-8

Ⅰ.①高… Ⅱ.①云… Ⅲ.①高速公路—防护—栏杆—道路施工—指南 Ⅳ.①U417.1-62

中国版本图书馆 CIP 数据核字（2018）第 147233 号

书　　名：	高速公路护栏应用技术指南
著 作 者：	云南省交通投资建设集团有限公司；云南武易高速公路有限公司；北京中路安交通科技有限公司　等
责任编辑：	刘永芬　朱明周
责任校对：	张　贺
责任印制：	张　凯
出版发行：	人民交通出版社股份有限公司
地　　址：	（100011）北京市朝阳区安定门外外馆斜街 3 号
网　　址：	http://www.ccpress.com.cn
销售电话：	(010)59757973
总 经 销：	人民交通出版社股份有限公司发行部
经　　销：	各地新华书店
印　　刷：	北京鑫正大印刷有限公司
开　　本：	880×1230　1/16
印　　张：	7.25
字　　数：	202 千
版　　次：	2018 年 10 月　第 1 版
印　　次：	2018 年 10 月　第 1 次印刷
书　　号：	ISBN 978-7-114-14866-8
定　　价：	38.00 元

（有印刷、装订质量问题的图书由本公司负责调换）

前　言

我国高速公路发展迅速，实现了跨越式增长，有效促进了经济社会全面协调发展。但与之不相匹配的是，高速公路交通事故率和死亡率居高不下，具有重特大交通事故多、伤亡率高、直接经济损失严重等特点；尤其在一些特殊路段，如小曲线半径、高边坡、高路堤、桥梁以及中分带开口、护栏端部、过渡段等，交通事故频繁发生。近年，国家对交通安全的重视程度不断加大，交通运输部提出了以"平安交通"为基础的"四个交通"发展目标，要求广大设计人员秉持宽容的设计理念，通过设计更加宽容的道路，合理设置符合安全防护要求的护栏，减少交通事故损失，降低死亡率，提高公路整体安全水平。

公路护栏的主要作用是防止车辆越出路外，有效拦截、安全导向车辆和保护乘员安全，保护路侧构造物和其他设施；护栏能否发挥有效的防护作用与护栏结构自身安全性能、设计合理性等关系很大。我国目前安全防护技术水平远未跟上国际步伐，存在护栏设计理念落后、缺少有效安全评估、设置缺失、防护能力不足、安全性能差等问题。为提高护栏安全防护性能，需从基于护栏自身安全性能指标的路侧防护风险评估、护栏设置合理性、护栏开发、护栏选型、护栏视觉性能提升等方面进行研究，以进一步提高交通安全防护水平。

本书在云南省武定到易门高速公路交通安全防护技术提升及装备研发的基础上，并结合高速公路安全设施相关科研成果和实践经验进行编写。本书密切联系实际，以路侧安全设计实践经验为基础进行路侧安全防护风险评估指标体系研究，建立了路侧安全防护风险评估模型；基于对高速公路高风险路段安全设施设计问题的分析，提出了护栏设计时需考虑的因素，并推出了几种新型成果；通过分析现有中央分隔带开口护栏、护栏端部、过渡段等使用的现状，提出了设置过程中需要重点考虑的因素，并介绍了几种较为成熟的技术成果；结合相关研究及设计经验，提出了护栏视觉效果设计基本原则，同时经大量计算机仿真分析，得到了混凝土护栏镂空和沉雕设计过程中各影响参数之间的关系云图，并提出了混凝土护栏镂空和沉雕视觉提升设计方法；针对新型护栏科技成果，总结分析了施工指南和验收方法。

本书对公路设计人员和工程管理人员具有重要的借鉴和参考价值。

主编单位：云南省交通投资建设集团有限公司、云南武易高速公路有限公司、北京中路安交通科技有限公司、云南交投集团投资有限公司、云南武易高速公路建设指挥部、云南楚姚高速公路有限公司、云南云岭高速公路交通科技有限公司、云南交投集团物资有限公司、云南省交通规划设计研究院有限公司、云南云岭高原山区公路工程检测有限公司。

主要参编人员：周应新、王高、马亮、吴云、荆坤、汪永林、张晓锋、梁亚平、钱正富、岳锐强、张翔、雷华、马赟、曾维成、刘小勇、寸勇、陈树汪、贺志昂、杨雪亮、钱坤、李雷、樊思林、李彦津、方绍林、王强、侯建伟、陈武、吴继忠、李丹丹、苗晟源、唐忠林、自明武、胡德军、李文、朱志才、吴尚峰、杜俊成、王东、李家和、李勇、刘竞阳、叶春泓。

本书参考和引用了国内外有关研究成果，在此一并表示感谢。

由于编者水平有限，书中差错在所难免，敬请专家和读者给予指正。

目　　录

第1章　绪论 ……………………………………………………………………………… 1
　1.1　道路交通安全发展 ……………………………………………………………… 1
　1.2　护栏技术标准及安全应用要求 ………………………………………………… 2
　1.3　护栏宽容设计理念 ……………………………………………………………… 7
第2章　路侧安全防护风险评估 ………………………………………………………… 10
　2.1　高速公路交通安全防护风险理论 ……………………………………………… 10
　2.2　交通安全防护风险评估模型构建 ……………………………………………… 10
　2.3　交通安全防护风险评估方法 …………………………………………………… 29
第3章　安全高防护风险路段护栏设置 ………………………………………………… 32
　3.1　路侧高风险路段护栏设置 ……………………………………………………… 32
　3.2　桥梁高风险路段护栏设置 ……………………………………………………… 39
　3.3　小半径曲线路段护栏设置 ……………………………………………………… 44
　3.4　小结 ……………………………………………………………………………… 48
第4章　中央分隔带开口护栏 …………………………………………………………… 49
　4.1　概述 ……………………………………………………………………………… 49
　4.2　中央分隔带开口护栏使用现状 ………………………………………………… 51
　4.3　中央分隔带开口护栏设置的考虑因素 ………………………………………… 54
　4.4　中央分隔带开口护栏参考形式 ………………………………………………… 57
　4.5　小结 ……………………………………………………………………………… 61
第5章　护栏端部 ………………………………………………………………………… 62
　5.1　概述 ……………………………………………………………………………… 62
　5.2　防撞端头 ………………………………………………………………………… 62
　5.3　防撞垫 …………………………………………………………………………… 66
　5.4　小结 ……………………………………………………………………………… 69
第6章　护栏过渡段 ……………………………………………………………………… 71
　6.1　概述 ……………………………………………………………………………… 71
　6.2　过渡段现状及问题 ……………………………………………………………… 71
　6.3　过渡段设置考虑因素 …………………………………………………………… 75
　6.4　护栏过渡处治方式 ……………………………………………………………… 76
　6.5　小结 ……………………………………………………………………………… 79
第7章　基于视觉提升的护栏设计 ……………………………………………………… 81
　7.1　概述 ……………………………………………………………………………… 81
　7.2　护栏视觉提升技术现状 ………………………………………………………… 82
　7.3　基于视觉提升的护栏设计原则与基本思路 …………………………………… 84
　7.4　混凝土护栏视觉效果设计方法 ………………………………………………… 86
　7.5　护栏景观设计参考形式 ………………………………………………………… 88

7.6 小结 ·· 92
第8章 新技术成果施工与验收 ··· 93
8.1 新型高等级景观混凝土护栏 ··· 93
8.2 新型中央分隔带开口护栏 ··· 97
8.3 新型TS级可导向防撞垫 ·· 99
8.4 新型多功能护栏 ·· 101
8.5 防撞型声屏障 ·· 104
参考文献 ·· 108

第1章 绪 论

1.1 道路交通安全发展

1.1.1 道路交通发展

近年来,随着我国经济的快速发展和道路交通需求的持续增长,高速公路也实现了跨越式发展。"十二五"期间(2011—2015 年),建成高速公路超过 51200 千米,截至 2016 年底全国高速公路累计通车里程达 13.1 万千米,全国高速公路里程发展趋势如图 1-1 所示。由于道路交通里程的不断增长及路网结构趋于完善,人民生活水平的不断提高,道路机动化水平迅速提升,2016 年底全国机动车保有量总计达 2.9 亿辆,其中汽车 1.94 亿辆,机动车驾驶人 3.6 亿人,其中汽车驾驶人超过 3.1 亿人。

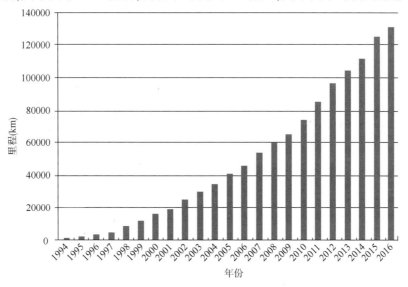

图 1-1 全国高速公路里程发展趋势图

1.1.2 高速公路交通安全

随着我国高速公路里程的不断增加和路网的不断完善,高速公路在群众出行、物流运输和服务经济社会发展中发挥着越来越重要的作用。然而,由于高速公路交通量大、大型车比例高、车速快以及路网密度大,导致交通事故的数量也在不断加大,一旦发生交通事故,产生的危害程度比普通公路更加严重。虽然近年来加大了交通安全的治理力度,高速公路交通事故数量总体呈下降趋势,但事故总量依然居高不下,总体呈现出以下特征。

1)交通事故率和事故严重程度高

根据公安部发布的统计数据,2015 年我国高速公路通车总里程为 12.3523 万千米,仅占公路总里程的 2.7%,但是高速公路上发生的交通事故却占公路交通事故总数的 8.1%,高速公路上百公里事故率是一般公路的 3.17 倍。

除交通事故占比较高外,高速公路重特大事故频发,事故严重程度较高。以高速公路一次死亡10人以上的特大道路交通事故为例,2005—2015年间,我国高速公路上共发生一次死亡10人以上的重特大道路交通事故70起,占总事故数的24.1%,共造成1208人死亡、1249人受伤。

2)追尾、坠车、正面碰撞和撞固定物为主要事故形态

高速公路交通事故的形态主要有追尾、翻车、正面碰撞、侧面碰撞、撞固定物和坠车等。2005—2015年高速公路上发生的70起一次死亡10人以上的重特大道路交通事故中,追尾碰撞事故23起,坠车事故28起,正面碰撞事故16起,坠车和正面碰撞事故占事故总数的63%。我国高速公路高路基、高边坡的特点,车辆穿越护栏后加剧了坠车事故的严重程度,同时正面碰撞多为车辆穿过中央分隔带护栏进入对向车道与对向车道正常行驶车辆发生碰撞,造成二次事故。在2015年高速公路发生的单车事故中,撞固定物事故占比达66%,一定程度上说明车辆与道路设施碰撞占比较大。根据某省5条高速公路2013—2016年交通事故形态统计,可以看出,撞固定物事故占比也达到30%,如图1-2所示。

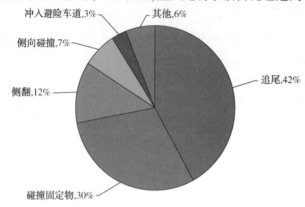

图1-2 某省5条高速公路2013—2016年事故形态分布

3)大型车是高速公路交通事故主要车型

根据2015年统计数据,高速公路交通事故中货车占比达43.2%。大型货车由于载重大,发生碰撞后的破坏程度要大于其他车辆,造成的路产损失也最多;大型客车由于载客人数较多,一旦穿越护栏发生坠车或行至对向车道,极易引起严重的二次事故,死亡率也最高。随着我国近年来电子商务的快速发展,公路物流迅速兴盛,公路货物运输随之迅猛发展。各类客货运车辆在公路交通组成中已占据较大比重,而客货运车辆又是群死群伤严重交通事故的重灾来源,是道路交通安全的重点防护对象。

根据以上高速公路事故特征可知,道路交通事故的发生与人、车、路和环境等因素有关。道路交通安全改善除对驾驶员和车辆重点关注以外,路侧安全状态也不容忽视。据统计,在公路交通事故中,路侧事故约占30%,在一次死亡10人以上的重特大恶性事故中,由于车辆冲出路外坠落陡崖或高桥、穿越中分带至对向车道的事故约占重大恶性交通事故的三分之二。坠车和正面碰撞事故加重了交通事故的严重程度,极易导致人员群死群伤,同时撞固定物事故比例较大等均从侧面说明部分路段路侧安全防护设施缺乏或防护能力不足。随着我国公路运输车辆向大型化和重型化方向发展,对于安全防护设施的防护能力也提出了新的挑战,对于安全防护设施的设计开发、使用应予以重点关注。

1.2 护栏技术标准及安全应用要求

从防护原理上护栏是设置于公路行车道外侧或中央分隔带的一种带状吸能结构,车辆碰撞时通过自体变形或车辆爬升吸收碰撞能量,从而降低乘员的伤害程度;从功能上是用于避免车辆与位于行车道任意一侧的自然或人造障碍物发生碰撞的防护设施。国内外大量的交通事故调研资料表明,合理设置符合安全防护要求的护栏,能够有效地减少交通事故损失,降低死亡率,提高公路整体安全水

平。为保证护栏的使用效果,需要建立护栏的准入标准和完善的安全评价体系,为设计者和使用机构合理判定护栏的安全性和护栏选择提供依据。

1.2.1 护栏技术标准

1)国外技术现状

国外发达国家对护栏的研究较早,形成了比较完善的技术标准体系。美国于1962年首先采用了实车足尺碰撞试验的方法对护栏的防撞性能进行评价,并颁布了规范"Highway Research Correlation Services Circular 482",主要规定了碰撞试验车辆的质量,碰撞速度和碰撞角度。随后在1978年和1980年对这个规范进行了修订,并于1993年颁布了《公路安全设施安全性能评价推荐程序》(NCHRP Report 350),简称美国350报告;2009年颁布了《安全设施评价手册》(Manual for Assessing Safety Hardware)(简称MASH),并于2016年进行了修订。欧洲是从20世纪70年代开始,根据本地区情况对实车足尺碰撞试验检验护栏安全性的方法进行研究,目前采用的是EN1317标准。日本的建设省道路局在1965年发布了防护栏的设置标准,并在1972年、1998年、2004年和2008年对防护栏的设置标准进行了修订,并发布了相应的防护栏设置标准的解释文件。

2)国内技术现状

我国护栏技术标准发展主要分为三个阶段。

(1)第一阶段

我国第一次涉及护栏性能的评价内容及使用的规范是《高速公路交通安全设施设计与施工技术规范》(JTJ 074—94)(以下简称"94规范")。由于当时高速公路在中国还是新生事物,工程技术人员对交通安全设施还不太了解,所以在总结国外经验和国内试验研究结果的基础上,规定了公路安全护栏的具体结构,以便于工程设计和施工人员操作,对我国高速公路的安全起到了积极作用。

(2)第二阶段

20世纪90年代末到21世纪初,由于我国汽车保有量急剧增长,车型、车速和道路条件等因素也发生了显著变化,"94规范"中规定的安全护栏结构已不能满足现代交通安全防护的要求;国内出现了大量不同形式的护栏,这些护栏的评价指标大多借鉴了国外的一些经验并结合了中国的实际情况。在护栏安全性能评价方面,随着我国对护栏结构研发的不断加大,2004年交通部颁布了《高速公路护栏全性能评价标准》(JTG/T F83-01—2004)(以下简称"F83标准"),该标准对护栏标准段的安全性能评价标准进行了规定,并明确要求护栏的安全性能应采用实车足尺碰撞试验进行评价。在护栏设置方面,2006年颁布实施了《高速公路交通工程及沿线设施设计通用规范》(JTG D80—2006)、《公路交通安全设施设计规范》(JTG D81—2006)、《公路交通安全设施设计细则》(JTG/T D81—2006)以及《公路交通安全设施施工技术规范》(JTG F71—2006)(以下统一称为"06规范")。上述设计规范扩大了护栏适用范围,较"94规范"对护栏的防护等级进行了扩展,并对护栏端头、过渡段及中央分隔带开口护栏设置进行了原则性规定。

(3)第三阶段

随着我国道路、交通状况的不断变化以及技术经济进步和人民对交通出行安全要求的不断提高,交通运输部2013年颁布实施了《公路护栏安全性能评价标准》(JTG B05-01—2013)(以下简称"B05标准"),对护栏标准段、过渡段、中央分隔带开口护栏、端头和防撞垫的防护等级、实车足尺碰撞试验方法、评价标准等进行了明确规定。同时结合我国近年来安全设施的应用情况,在"06规范"的基础上,于2018年颁布实施了《公路交通安全设施设计规范》(JTG D81—2017)、《公路交通安全设施设计细则》(JTG/T D81—2017)(以下统一称为"17规范")。"17规范"更加全面地对安全设施的设置原则进行了规定,更加强调了宽容设计的理念。目前,"B05标准"和"17规范"共同组成了我国安全设施在安全性能评价(护栏)及设计方面的最新的技术标准体系。

3) 国内外状况比较

我国公路安全设施,特别是护栏相关技术标准经过近30年的发展、完善,目前已基本与国外发达国家持平,甚至部分指标已超过国外,主要体现在:

(1) 护栏安全性能评价对象范围

我国 "B05 标准" 的颁布实施,在护栏评价对象方面较日本更加完善,与欧盟一致,美国评价标准里的支撑结构主要指标志立柱等,工作区能量吸收器和车道管理器主要指工程维修车尾部防撞装置和车道变向装置,我国尚未将这些设施划入护栏范围内,具体如表1-1所示。

我国与其他国家护栏安全性能评价对象范围对比 表1-1

	美国	欧盟	日本	中国
标准、规范名称及发布时间	MASH (安全设施评价手册) (2016年)	BS EN 1317 (道路防护系统) (2010年)	《防護柵の設置基準・同解説》 (护栏设置标准和说明) (2008年)	"B05标准"
涵盖的交通安全设施	1.护栏标准段 2.护栏过渡段 3.护栏端头 4.防撞垫(非导向和可导向) 5.支撑结构(可解体灯杆和标志柱、功能柱、工作区交通控制设施) 6.工作区能量吸收器和车道管理器	1.护栏标准段 2.护栏过渡段(包括活动护栏) 3.护栏端头 4.防撞垫(非导向和可导向)	护栏标准段	1.护栏标准段 2.护栏过渡段 3.中央分隔带开口护栏 4.防撞垫(非导向和可导向) 5.护栏端头

(2) 护栏防护能量和碰撞条件

①从碰撞车型种类比较,我国标准比美国MASH增加大型客车,与欧盟EN 1317相当;

②从车辆最大总质量比较,美国MASH整体式货车和拖挂式货车的最大总质量分别为10t和36t,欧盟EN 1317分别为30t和38t,而我国标准分别为40t和55t,高于国外标准规范;

③从碰撞能量比较,美国MASH的最大碰撞能量为548kJ,欧盟EN 1317为724kJ,而我国标准为760kJ,高于国外标准规范。

由以上可知我国护栏安全性能评价标准的碰撞车型、车辆最大总质量以及最大碰撞能量均可达到国际水平,我国标准与国外相关标准规范的碰撞车型、车辆最大总质量以及最大碰撞能量对比如表1-2所示。

我国护栏最大碰撞能量与部分碰撞条件与国外对比 表1-2

项目	碰撞车型	碰撞车型及总质量	最大碰撞能量(kJ)
美国MASH	小客车、皮卡车、整体式货车、拖挂式货车	整体式货车10t、拖挂式货车36t	548
欧盟EN 1317	小客车、整体式货车、大客车、拖挂式货车	大客车13t、整体式货车30t、拖挂式货车38t	724
"B05标准"	小客车、大中型客车、整体式货车、拖挂式货车	大客车25t、整体式货车40t、拖挂式货车55t	760

综上所述,在护栏安全性能评价标准方面,我国虽然在评价对象范围、碰撞车型、碰撞能量、安全性能评价指标、碰撞条件容许误差以及试验车辆技术参数要求等方面可以与国外先进标准水平接轨,甚至有些技术指标更趋于严格和安全,但在护栏端头、防撞垫以及护栏过渡段的碰撞条件以及碰撞

点位置等方面还有一定差距(主要参考国外规范),同时还缺少针对护栏运营期的安全评价方法和标准。

1.2.2 护栏安全应用要求

公路护栏主要的作用是防止车辆越出路外,有效拦截引导车辆和保护乘员安全,保护路侧构造物和其他设施。护栏能否发挥有效的防护作用与护栏结构自身安全性能、设计合理性以及运营期防护效果有关,因此护栏的安全应用应从上述三个方面系统考虑。

1)护栏结构安全性能

由于车辆碰撞护栏力学分析的复杂性,针对新型护栏及现有护栏的安全性能评价应采用实车足尺碰撞试验的方法,用以评价不同护栏结构安全性及车内乘员风险。"B05标准"中规定了护栏标准段、护栏过渡段、中央分隔带开口护栏、防撞垫和护栏端头的安全性能评价标准,主要包括护栏的阻挡功能、缓冲功能及导向功能方面的评价。较"F83标准"在护栏的防护等级、评价标准、试验车型以及容许误差等都提出了更高的要求,具体对比如表1-3所示。

"B05标准"与"F83标准"主要内容对比　　　　表1-3

主要内容		"F83标准"	"B05标准"
适用范围		高速公路护栏标准段	各公路护栏标准段、过渡段、中央分隔带开口护栏以及护栏端头和防撞垫
防护等级		A级~SS级	一(C)级~八(HA)级
防护能量		160~520kJ	40~760kJ
试验护栏要求		刚性护栏不应小于40m;半刚性和柔性护栏不应小于70m	刚性护栏不得小于40m;半刚性护栏不得小于70m;柔性护栏不得小于180m;并且明确要求护栏过渡段、中央分隔带开口护栏、护栏端头和防撞垫试验护栏必须连接规定长度的护栏标准段
护栏标准段评价指标	阻挡功能	有效阻挡车辆并对车辆进行导向,禁止任何形式的穿越、翻越、骑跨、下穿护栏	1.应能够阻挡车辆穿越、翻越和骑跨;2.试验护栏构件及脱离件不得侵入车辆乘员舱
	缓冲功能	车体三方向加速度≤20g	1.乘员碰撞速度的纵向与横向分量均不得大于12m/s;2.乘员碰撞后加速度的纵向与横向分量均不得大于200m/s²
	导向功能	车辆碰撞后驶出角度应小于碰撞角度的60%,不发生横转、掉头等现象	车辆碰撞后不得翻车,采用导向驶出框评价
过渡段、中央分隔带开口护栏以及护栏端头和防撞垫等评价指标		无	新增
碰撞条件	车型	小型客车 大型客车或大型货车 (两种车型)	小型客车 大中(特大)型客车 大中型货车 (三种车型)
	车辆参数要求	未做要求	有明确规定
最大动态变形D		规定限值	记录结果,供护栏选型参考
最大横向动态位移外延值W		无	记录结果,供护栏选型参考
车辆最大动态外倾值VI		无	记录结果,供护栏选型参考
车辆最大动态外倾当量值VI_n		无	记录结果,供护栏选型参考

续上表

主要内容		"F83标准"	"B05标准"
碰撞条件容许误差	防护能量	满足各条件容许误差即可	试验中实际碰撞能量不得低于设计防护能量
	车重	均允许负公差	大型车辆均要求正公差
	车速	均允许负公差	均要求正公差
	碰撞角度	±1.5°	−1.0°~1.5°

从表1-3可以看出,满足"F83标准"的护栏虽然经过实车足尺碰撞试验,但在安全性能评价标准方面较"B05标准"差别较大,因此目前符合"F83标准"的护栏应用存在一定安全风险。

依据"B05标准"进行安全性能评价的护栏可取得相应的《公路护栏安全性能评价报告》,通过评价报告可以获知以下护栏参数和技术指标,是护栏在设计和使用时选型的重要依据。

(1)护栏防护等级。护栏应完全按照"B05标准"进行完所有车型的实车足尺碰撞试验方可最终确定护栏的防护等级,单靠一种车型确定护栏防护等级是不够的。

(2)护栏安全性能评价指标值。包括乘员碰撞速度、乘员碰撞加速度、最大动态变形D、最大横向动态位移外延值W、车辆最大动态外倾值VI、车辆最大动态外倾当量值VI_n及车辆损坏程度等。

(3)试验护栏结构。试验护栏材料、结构尺寸、端部设置以及标准段护栏等均可在评价报告中查得。

2)护栏设计阶段合理设置

设计阶段主要考虑护栏的选型及系统性设置,考虑因素包括以下方面:

(1)根据需设置护栏路段的道路、交通条件确定护栏整体设置规模及原则;

(2)根据需防护对象,确定护栏结构类型;

(3)依据满足"B05标准"要求的护栏安全性能评价报告及护栏技术参数、指标,结合经济条件合理选择护栏结构形式。

3)护栏运营阶段安全评价

目前我国对护栏保证公路运营安全方面的要求和评价方法主要体现在开发阶段的实车足尺碰撞试验和设计阶段的护栏防护等级及结构形式选取。

护栏开发阶段的安全性主要依据"B05标准"通过实车足尺碰撞试验进行评价。然而,实车足尺碰撞试验是在特定试验场地、规定的试验碰撞条件下进行的;而实际公路运营中,车辆碰撞护栏存在多种实地碰撞条件(车辆质量、碰撞速度、碰撞角度)的组合类型及不同的碰撞点位置,同时车辆在碰撞护栏过程中的运动状态还会受到路侧边坡、边沟及其他路侧障碍物的影响,因此护栏在实际道路交通条件下的安全性能表现与实车足尺碰撞实验结果可能会有差别。

护栏设计阶段主要依据《公路交通安全设施设计规范》(JTG D81)及《公路交通安全设施设计细则》(JTG/T D81)进行护栏设置,护栏设置取决于该路段的公路等级、设计速度、路侧危险度、交通量、交通组成及运行速度等,这些因素中公路等级、设计速度和路侧危险度在公路运营前的护栏设计阶段是可以具体确定的,但交通量、交通组成和运行速度等在公路运营前则无法准确估计。而且随着公路运输事业蓬勃发展,交通量迅速增长,交通流特性不断发展变化,也会使运营公路的交通条件与设计阶段的预估出现一定差异,因此护栏设置需根据道路实际交通条件进行合理性评价。

因此,护栏的安全防护效果是否能满足实际需求需要在公路运营期结合实际道路交通条件及交通事故情况进行评价。美国MASH(《安全设施评价手册》)给出了公路运营期安全设施性能评价的内容,并且指出"运营期护栏安全性能评价的目的是:确定或报告护栏在典型路段及交通环境中诸多碰撞、养护、运营中的性能表现。运营期性能评价是实车足尺碰撞试验的后续工作,试验分析仅仅能部分评价一种设施的功效,对这种设施更加彻底和深入的了解对于其正确使用是很重要的。"并在《在役护栏安全性》(NCHRP Report 490,In-Service Performance of Traffic Barriers)报告中给出了评价流程,如图1-3所示。

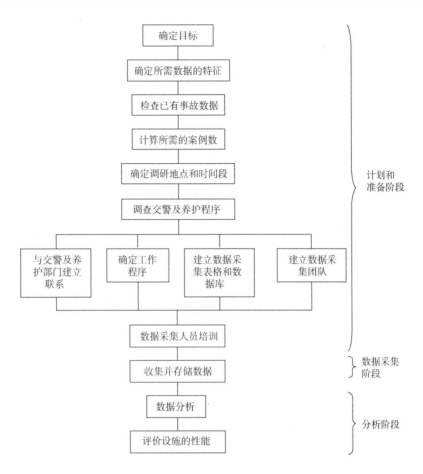

图 1-3 运营阶段护栏安全性评价流程

我国目前相关标准规范中还未有护栏运营期的安全评价规定。根据我国的道路交通实际情况，运营期护栏的安全性评价可以从护栏设计符合性、防护等级合理性以及交通适应性三个方面开展：

(1) 护栏设计符合性

①现场调查。主要针对路段所应用护栏的结构尺寸、锈蚀、缺损、相应路侧特征以及维修养护记录等进行现场调查。

②设计符合性。现有护栏设置情况与设计文件(含变更设计)的符合性。

③规范适应性。现有护栏与相关规范(设计阶段及现行规范)的符合性。

(2) 护栏防护等级合理性

护栏的防护等级与路段的交通量、交通组成及车辆运行速度有关。通过调研路段的交通条件，获取路段车辆实际碰撞能量分布，结合路侧情况分析护栏的安全防护等级合理性。

(3) 护栏交通适应性

护栏交通适应性主要从分析车辆碰撞护栏事故方面进行。重点收集车辆碰撞护栏事故、车辆穿越护栏事故、车辆剐蹭及驶离护栏事故。可通过护栏成功防护事故率来分析评价护栏的实际防护效果。

1.3 护栏宽容设计理念

1.3.1 "宽容公路"设计理念的含义

"宽容公路"设计理念起源于美国，指以允许驾驶人出错为前提的道路安全设计理念，即允许犯错误的车辆驶出道路,用宽容路侧环境来应对车辆偏离道路问题,同时在引发严重交通事故的地方提供良好的路侧安全设计,通过全面、系统的道路安全设计理论和方法,保障路侧安全,降低事故严重程度。经过几十年的经验积累和研究,宽容性路侧设计理念已得到不断提升,宽容性路侧设计理念主要通过移除、覆盖、解体和防护四种手段进行路侧安全设计。美国从1970年开始,公路建设者普遍接受并践行更加安全的"宽容公路"设计理念,在这之后,因道路交通事故导致的死亡人数由每年近6万人下降到约4万人,亿车英里死亡率更是从3.31下降到2000年的0.95。宽容性的路侧设计已成为道路设计标准中的一个重要组成部分。

1.3.2 护栏宽容设计理念

由于我国目前高速公路普遍存在高路基、高边坡的特点,使得车辆发生意外冲入路侧后加剧了事故的严重程度,坠车、正面碰撞、撞固定物等事故占比较大。基于"宽容公路"设计理念,加强路侧安全防护对于提升我国现阶段道路交通安全来讲是非常重要的措施。此外,护栏也是一种障碍物,设置护栏有时可能会导致更高的事故严重程度,因此护栏也需要合理规划和使用。从降低事故严重程度、减少乘员伤亡角度出发,将宽容设计理念引入护栏设计,即从涵盖护栏自身安全性能指标的路侧防护风险评估、护栏自身安全性能提升、设置合理性以及运营阶段护栏防护效果评估等方面完善路侧风险评估,加强护栏开发、护栏选型及安全性评价体系,以进一步提高护栏安全性。护栏安全设计理念主要包括以下方面。

1) 路侧安全防护风险评估

护栏设置需要预估车辆驶出路外事故风险。道路安全风险因素除了道路、交通条件、路侧特征外,基于宽容设计理念护栏本身也是障碍物,其设置是否合理对最大限度降低事故严重程度、减少人员伤亡具有重要作用,因此亦应对护栏自身的安全风险进行分析评估。路侧安全防护风险评估即引入护栏自身安全性能指标,与道路、交通条件、路侧特征等指标共同组成综合评价指标体系,综合评估不同路段道路的交通安全防护风险等级,以指导更安全的护栏设置和使用。

2) 提高护栏自身安全性能

根据我国护栏安全性能评价标准,护栏的安全性能主要从阻挡、缓冲和导向功能进行评价,通过安全性能评价后便可以应用,但符合安全性能评价标准的护栏结构不一定适用于实际道路。护栏的结构开发必须以实际道路交通条件为基础,以实际防护需求为目标,针对不同防护对象进行针对性开发,并有意识地对护栏安全性能指标进行改进和提升,以适应不断变化的道路交通条件。

3) 加强护栏功能性研究

护栏是道路中的一项重要设施,在我国道路中护栏也是设置数量最多的安全设施,加强护栏功能性主要寻求防护、安全与美学之间的平衡,以综合、系统设置为原则。主要体现在护栏与其他设施的组合设置、视线诱导以及景观视觉提升等方面。通过护栏的功能性设置可以提升道路的安全行车环境,提高行车安全性和舒适性。

4) 加强护栏系统性设置

护栏是由标准段、过渡段及端头等组成。设计中应根据路侧风险评估,针对不同的障碍物类型进行护栏标准段设置,同时系统考虑护栏过渡段、端头、防撞垫及开口护栏等的设置原则及护栏选型。

5) 完善护栏安全性评价体系

目前护栏的安全性能评价主要是在护栏结构开发阶段,应进一步完善运营阶段的护栏安全评价,这也是实车足尺碰撞试验评价护栏安全性能的后续工作。通过护栏在运营阶段的防护效果评价,可获知护栏在典型路段及交通环境中诸多碰撞、养护及运营中的性能表现,是护栏改进以及推广应用的重要参考依据。

综上所述,我国关于交通安全相关政策的出台、新标准规范的颁布实施等举措,均表明对于交通安全的重视在不断加强。交通安全工作是一项不断适应新环境、新条件和持续改进的工作。现有公路建设中存在的护栏设计理念落后、缺少有效安全评估、设置缺失、防护能力不足、安全性能差等问题是导致交通安全防护水平不高的重要原因。因此针对现有护栏设置问题,以现有标准规范为基础,基于护栏宽容设计理念,在路侧风险评估、护栏安全性评价、结构开发、设计等方面逐步形成全面、系统的理论和方法,使护栏设置更加科学合理,以消除安全隐患,降低高速公路交通事故率,减少人员伤亡及财产损失,有效保障高速公路安全、高效、畅通、舒适运营。

第 2 章　路侧安全防护风险评估

2.1　高速公路交通安全防护风险理论

危险导致事故发生,一个或多个事故的后果导致损失的出现,在这个过程中充满了不确定性,这种不确定性可以称为广义上的风险。但在实际中,通常将事故发生后的损失的期望值定义为风险,可称之为狭义上的风险。

交通安全防护风险研究的重点是道路系统对车辆及驾乘人员的安全防护风险,主要体现在交通安全设施上,但同样离不开道路系统这个基础环境。道路安全防护风险除了道路、交通条件、路侧特征外,基于宽容设计理念安全设施本身也是障碍物,其设置是否合理对最大限度降低事故严重程度、减少人员伤亡具有重要作用。因此亦应对安全设施的安全风险进行评估,将安全设施的自身安全性能及设置完备性进行指标划分,与道路、交通条件、路侧特征等指标共同组成评价指标体系,综合评估不同路段道路的交通安全防护风险等级,以指导更安全的护栏设置和适用。

2.2　交通安全防护风险评估模型构建

影响道路交通安全防护风险的因素多、层次多,且各因素风险的概念不可避免地具有模糊性,难以完全定量化。所谓"模糊性",是指由于概念外延的模糊造成的不确定性。这种模糊表现为客观事物中间过渡中的"不分明性"。

对道路交通安全防护风险值的评价就是确定综合的道路交通安全防护风险的安全状态。如果用精确的数学方法和数据,依据严谨的推理过程来评价带有模糊的道路交通安全防护风险时,就会造成量化对象勉强、量化过程简单,其结论可能与实际情况相差甚远,影响评价结果的科学性和准确性。

针对这种模糊性,模糊数学的隶属度可以将这种模糊信息定量化。交通安全防护风险综合评价指标体系是复杂而有层次结构的体系,包括多个层次,每个层次又包含多个评价因素。考虑到评价指标的模糊性,如果可从多个因素对评价目标隶属等级状况进行综合评价,效果较好。因此,本文采用层次-综合模糊评价法对高速公路交通防护风险进行评估,该综合评价法根据模糊数学的隶属度理论把定性评价转化为定量评价,它具有结果清晰,系统性强的特点,能较好地解决模糊的、难以量化的问题,适合各种非确定性问题的解决。

2.2.1　评估方法

综合模糊评价法的思想是根据综合评估的目标,对客观事物的影响因素进行分解,以构造不同层次的统计指标体系,然后对这些指标进行指标赋值并确定其权重系数,最后采用综合评估模型进行综合,得到综合评估值,以此进行排序和评估。

在确定评估因素、因子的评估等级标准和权重的基础上,运用模糊集合变换原理,以隶属度描述各因素及因子的模糊界限,构造模糊评判矩阵,通过多层的复合运算,确定评估对象的可靠度。

模糊综合评价法进行风险评价的基本原理是:综合考虑所有风险因素的影响程度,并设置权重区别各因素的重要性,通过构建数学模型,推算出风险的各种可能性程度,其中可能性程度值高者为风险水平的最终确定值。其具体步骤是:

(1)选定评价因素,构成评价因素集;

(2)根据评价的目标要求,划分等级,建立备择集;

$$V = (v_1, v_2, \cdots, v_n)$$

(3)对各风险要素进行独立评价,建立判断矩阵;

$$R = \begin{pmatrix} r_{11} & r_{12} & \cdots & r_{1n} \\ r_{21} & r_{22} & \cdots & r_{2n} \\ \vdots & \vdots & & \vdots \\ r_{m1} & r_{m2} & \cdots & r_{mn} \end{pmatrix}$$

(4)根据各风险要素影响程度,确定其相应的权重;

$$A = (a_1, a_2, \cdots, a_m)$$

(5)运用模糊数学运算方法,确定综合评价结果;

$$B = AR = (a_1, a_2, \cdots, a_m) \begin{pmatrix} r_{11} & r_{12} & \cdots & r_{1n} \\ r_{21} & r_{22} & \cdots & r_{2n} \\ \vdots & \vdots & & \vdots \\ r_{m1} & r_{m2} & \cdots & r_{mn} \end{pmatrix} = (b_1, b_2, \cdots, b_n)$$

(6)根据计算分析结果,确定项目风险水平。

把以 b_j 为权数,对评判集 v_j 进行加权平均得到的值作为评判结果,即:

$$v = \frac{\sum_{j=1}^{m} b_j v_j}{\sum_{j=1}^{m} b_j}$$

2.2.2 评估指标的选取及分级标准

2.2.2.1 指标选取

交通安全防护风险指标体系主要由安全防护设施特性、道路条件、交通特征以及路侧特征四大类组成,每一个大类指标又包含若干个下级指标,评估指标的合理选取是评估模型可靠、合理的关键所在。安全防护设施特性、路侧特征主要与交通安全事故的严重程度有关,而道路条件、交通特征主要与道路交通事故的发生概率相关。

1)安全防护设施

交通安全设施对保障行车安全、降低安全事故等级,起着重要作用。交通安全设施作为高速公路重要的组成部分,是保障交通安全的最后一道屏障,交通安全设施性能直接决定了车辆突发事故的严重程度。Schneider等(2009年)研究了公路平曲线半径处的单车路侧事故,认为驾驶员的伤亡程度与路侧设施有密切关系。

护栏良好的缓冲功能,可减轻车辆碰撞护栏后驾乘人员的伤害概率及程度;高防护等级护栏,防护能量高,可有效防护大型车辆,防止车辆冲出路侧造成车毁人亡的惨剧;完备的诱导设施可提醒驾驶员在危险路段安全行车,提高警惕,减少事故等。另外路侧有障碍物时,车辆碰撞护栏后护栏横向动态位移和车辆外倾存在与障碍物二次碰撞,发生二次事故的风险。

根据上面的分析,对于安全防护设施选取护栏防护等级、碰撞护栏后车辆加速度、护栏最大横向动态位移外延值 W、车辆最大动态外倾当量值、诱导标志标线完备性作为安全防护设施的主要评估指标。

2)道路条件

道路作为道路交通系统赖以生存的基础设施,对交通安全起着重要作用。从我国已发生的大量交通事故的结果看,很多是由行驶条件较差引发的,相对于一般公路,高速公路道路因素对安全行使的保障作用更为明显。根据相关的研究结果,因为道路因素而引起的事故约占到事故总数的21%。行车环境以及高速公路特有的构造决定了行车安全具有特殊性,并且高速公路道路几何线形、路面状况等因素都会影响交通安全。

Kopelias 等(2015年)根据事故统计分析,表明坡度大、曲线半径小、速度快、视距不良等是山区高速公路事故多发的重要影响因素,郑安文等(2002年)对云南、贵州、四川等山区高速公路事故数据进行分析研究,认为不良线形、车辆制动性能差、安全设施缺乏等因素是导致高速公路事故频发、伤亡严重的主要因素。另外隧道因其特殊的封闭环境及出入口"黑白洞"效应,互通区出入口,由于车辆间的分流、合流、交织运行频繁,往往会引起交通流紊乱、行车速度剧烈变化、交通冲突发生概率增加,导致交通事故多发。

根据上面分析,选取平曲线半径、坡度、视距、隧道及分合流作为道路条件的评估指标。

3)交通特征

交通特征主要选取对交通安全影响较大的车速、速度差、大车比例以及饱和度作为评估指标。

(1)交通量

在驾驶员行车的诸多交通环境影响因素中,交通量在其中占据着重要的地位。而交通量的大小本身不仅影响交通事故的发生概率,同时也影响着驾驶员的心理紧张程度。伴随着我国高速公路建设里程的不断攀升以及交通量的不断增大,目前高速公路上跟车间距过小、高速行驶以及操作不当等都可能导致交通事故发生。研究资料表明,美国对交通量与事故数关系的统计如图2-1所示;从图中可以看出,事故数随着日平均交通量的增加而增加。

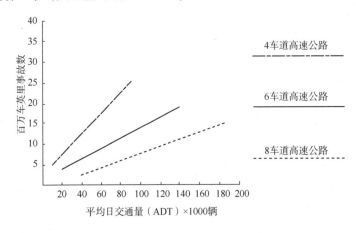

图2-1 高速公路交通量与事故数的关系

(2)车型比例

高速公路交通组成对交通安全也是有影响的,在我国的高速公路交通量构成中,小汽车比重较低,而大型货车比重较高。当高速公路只存在少量的大车时,小车的行驶就比较自如,其事故率也将随之降低;但是当大型车比例出现上升时,小车就无法继续保持一种自由行驶的状态,交通事故发生的概率也会随之变大;另一方面,随着高速公路上的大车比例增大,道路上的主导车辆就会变成大车,而大型车辆在动力性能方面的缺陷,就会容易造成一些尾随相撞事件和刮擦事故的发生。

(3)车速

大多数关于车速对事故影响的统计研究都认为,车速提高将导致事故数量上升。交通调查显示,车速越高,发生事故的危险性也就越大,车速离散程度越大,事故率越高。

4）路侧特征

据美国 2001—2007 年交通事故统计，路侧事故占 15%，但死亡事故比例却高达 42.9%。我国一次死亡 3 人以上的重特大事故中，车辆冲出路侧坠崖或坠桥的事故占重大交通事故的 50%。路侧事故严重性高，主要取决于路侧的地形及环境状况。路侧特征条件主要包括路侧净区宽度、边坡类型、边坡高度和坡度等，路侧条件不但影响造成路侧危险的可能性大小，也与路侧事故的严重程度密切相关。选取边坡高度和坡度、坡脚状态和净区内障碍物作为路侧特征的主要评估指标。

2.2.2.2 评估指标的分级标准

根据各指标与高速公路交通安全防护风险的影响关系，确定各评估指标的分级判定标准。

1）安全防护设施

（1）护栏防护等级

"B05 标准"将护栏的防护等级按防护能量分为八个等级，护栏端头和防撞垫按防护速度分为三个等级，如表 2-1、表 2-2 所示。

护栏防护等级　　　　　　　　　　　　　　　　　　表 2-1

防护等级	一	二	三	四	五	六	七	八
代码	C	B	A	SB	SA	SS	HB	HA
防护能量（kJ）	40	70	160	280	400	520	640	760

护栏端头及防撞垫的防护等级　　　　　　　　　　　　表 2-2

防护等级	一	二	三
代码	TB	TA	TS
防护速度（km/h）	60	80	100

根据护栏、护栏端头及防撞垫的防护等级，可知随着护栏、防撞垫防护等级的提高，防护能量逐渐提高，对车辆的安全越有保障，根据高速公路护栏设置的特点[最低等级为三（A）级]，将护栏、护栏端头及防撞垫的水平等级进行划分，如表 2-3、表 2-4 所示。

护栏防护等级水平划分　　　　　　　　　　　　　　表 2-3

标准段护栏等级	七（HB）级/八（HA）级	六（SS）级/五（SA）级	四（SB）级	三（A）级	低于三（A）级
评价	好	较好	一般	较差	差

护栏端头及防撞垫防护等级水平划分　　　　　　　　表 2-4

护栏端头及防撞垫等级	—	三（TS）级	二（TA）级	一（TB）级	无防护等级（防撞桶等）
评价	好	较好	一般	较差	差

（2）加速度

道路护栏除了要满足导向作用外，还要起到缓冲和吸能的作用，减少碰撞过程中对乘员的伤害；车辆加速度指标是评价护栏的缓冲功能的重要指标。车辆碰撞护栏过程中，由于护栏的阻挡使车辆速度降低，而车内乘员由于惯性而保持原来的速度与车辆产生相对位移，乘员的局部身体部位会与车内的仪表盘、方向盘、挡风玻璃甚至安全带等构件发生碰撞挤压，产生伤害。

表 2-5 所示为日本建设省土木研究所通过对"车辆碰撞时的加速度和乘员伤害之间的关系"研究，得出的车辆重心处加速度和乘员伤亡比重的关系。

车体最大加速度和乘员死伤率的关系　　　　表2-5

车体加速度 g	乘员伤害比例(%)			
	无伤	轻伤	重伤	死亡
2	90	8	2	0
4	85	12	3	0
6	81	14	5	0
10	75	17	8	0
15	68	20	11	1
20	62	22	15	1
50	34	26	31	9

从上表可以看出,车辆重心处加速度为$4g$时,乘员无伤比重为85%,产生重伤比重占总伤亡的20%;车辆重心加速度上升至$10g$时,造成伤亡比重为25%,其中重伤比例有所增加,占32%,未产生死亡情况;加速度从$10g$增加到$20g$后,伤亡比重增加到40%,其中重伤比重增加至41%,且有1%的死亡率;当加速度从$20g$增加到$50g$时,伤亡比重达到了65%,其中产生重伤比重大于轻伤,且死亡率近10%,对乘员安全威胁较大。

综上所述,碰撞加速度小于$4g$时,未发生伤亡比重大于85%,对乘员安全影响较小。车辆加速度为$6g$时,发生伤亡乘员中重伤者比例开始增大,对乘员安全影响处于上升阶段;车辆加速度增大至$10g$时,25%乘员产生伤害,重伤者占受伤乘员的1/3,对乘员安全影响快速增加;车辆加速度大于$15g$时,会产生乘员死亡的情况,对乘员安全极为不利。

根据以上分析,加速度指标水平划分如表2-6所示。

车辆重心处加速度对乘员间伤害影响分级　　　　表2-6

加速度 g	(0,4]	(4,10]	(10,15]	(15,20]	>20
评价	好	较好	一般	较差	差

(3)护栏最大横向动态位移外延值 W

《公路交通安全设施设计细则》(JTG/T D81—2017)指出:路侧或中央分隔带护栏面距其防护的障碍物的距离,应大于护栏最大横向动态位移外延值(W)或车辆最大动态外倾当量值(VI_n)。当防护的障碍物低于护栏高度时,宜选择护栏最大横向动态位移外延值(W);当防护的障碍物高于护栏高度、防护的主要车型为大型车辆时,应选择车辆最大动态外倾当量值(VI_n)。

无法避开障碍物,而障碍物与护栏的距离在护栏最大横向动态位移外延值(W)之内时,行车安全将会受到很大影响,选取计算机仿真分析的方法研究路侧障碍物与护栏迎撞面之间的距离大小对行车安全的影响。

波形梁护栏是高速公路使用最普遍,也是车辆碰撞后变形最大的护栏形式,高速公路中最低等级为三(A)级波形梁护栏,考虑最不利原则,以三(A)级波形梁护栏为研究对象,分析障碍物与护栏不同距离对行车安全的影响。

①碰撞条件

碰撞车型:选择小客车和大货车为试验车型,以往实车足尺碰撞试验结果表明货车的护栏横向动态变形 W 大于客车的,大型车选择最不利的货车车型(图2-2);碰撞位置:计算机仿真分析结果表明不同防护等级波形护栏碰撞波形梁板中部的 W 值大于碰撞立柱的 W 值,碰撞位置选择波形梁中部(图2-3);障碍物高度:通过对三(A)级波形梁护栏外侧设置高度分别为5cm、10cm、15cm、20cm、40cm、45cm、50cm和90cm的障碍物进行仿真计算,结果表明:当障碍物高度为40cm时,对车辆行车安全影响最大。

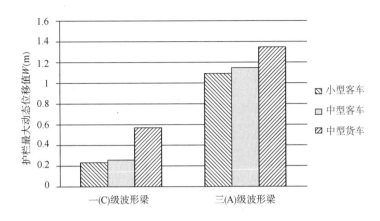

图 2-2　不同车型最大动态位移值对比图

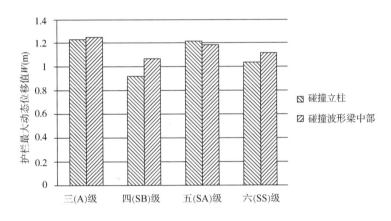

图 2-3　不同碰撞位置最大动态位移值对比图

②分级标准

以障碍物与护栏的距离为评价指标，L 为障碍物距离护栏迎撞面的距离(下同)，如图 2-4 所示。

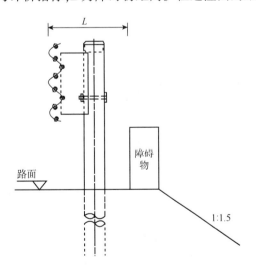

图 2-4　L 为障碍物与护栏迎撞面的距离

a.具体仿真分析如下：

对于小客车的安全风险主要为乘员伤害，表现为车辆加速度，经变化障碍物的位置，得到当障碍物位置 $L=650$mm，小客车车辆前轮绊阻，加速度处于 $20g$ 的临界状态(图 2-5)。

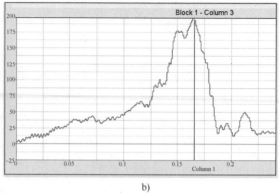

a)   b)

图 2-5 障碍物与护栏距离 $L=650$mm

b.大货车的风险主要为驾驶室侵入护栏碰撞障碍物以及车辆甩尾造成车辆后轮碰撞障碍物造成绊阻的风险(图 2-6)。

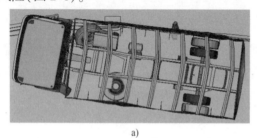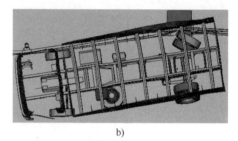

a)   b)

图 2-6 前后轮绊阻风险

根据车辆碰撞护栏后,障碍物对车辆行驶状态的影响划分指标等级,如表 2-7 所示。

三(A)级波形梁护栏仿真结果 表 2-7

L(mm)	车 辆 状 态	L(mm)	车 辆 状 态
430	前后轮均绊阻在障碍物上	980	前轮未撞上,后轮刚刚撞上障碍物
750	前轮刚刚撞上,后轮绊阻	1250	前后轮均不会碰撞障碍物

综上所述,波形梁护栏最大横向动态位移外延值 W 指标等级水平可按照障碍物距离护栏迎撞面的距离 L 划分:$L \leqslant 650$,小客车侵入护栏,碰撞障碍物,加速度超过 $20g$,对车辆及驾驶员伤害严重;$650 < L \leqslant 750$,货车前后轮均绊阻,对车辆安全影响大;$750 < L \leqslant 980$,货车后轮绊阻,对车辆安全影响较大;$980 < L \leqslant 1250$,车辆后部会碰到撞障碍物,对车辆影响较小,$L > 1250$,大于护栏最大横向动态位移外延值 W 值,基本不会对车辆产生影响,指标水平划分如表 2-8 所示。

波形梁护栏最大横向动态位移外延值 W 指标水平划分 表 2-8

L(mm)	$L>1250$	$980<L\leqslant1250$	$750<L\leqslant980$	$650<L\leqslant750$	$L\leqslant650$
评价	好	较好	一般	较差	差

(4)车辆最大动态外倾当量值 VI_n

同样采用计算机仿真的方法对车辆最大动态外倾当量值 VI_n 与障碍物与护栏的距离进行计算分析。波形梁护栏与混凝土护栏都存在车辆外倾的问题,且两类护栏差别较大,故分别进行分析,并确定分级标准。

①波形梁护栏 VI_n 指标水平划分

a.碰撞条件

碰撞车型:以往实车足尺碰撞试验结果表明货车 VI_n 大于客车的,选择最不利的货车车型

(图2-7);碰撞位置:计算机仿真分析结果表明不同防护等级波形护栏碰撞波形梁板中部车辆的VI_n值大于碰撞立柱的VI_n值,因此碰撞位置选择波形梁中部(图2-8)。

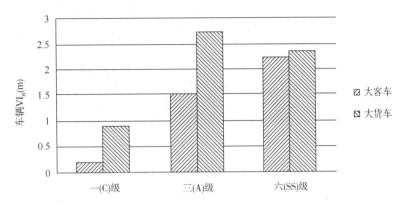

图2-7 不同车型VI_n值对比图

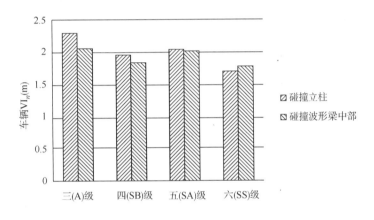

图2-8 不同碰撞位置VI_n值对比图

b.分级标准

车辆碰撞波形梁护栏后,主要风险为:车头部位侵入护栏与障碍物碰撞,造成驾驶室的碰撞挤压风险;前轮侵入护栏与障碍物碰撞发生车辆绊阻风险(图2-9),接着车辆甩尾造成车体后部及后轮碰撞障碍物的风险(图2-10)。据此通过变化障碍物与护栏的距离,找到障碍物对车辆行驶姿态影响的临界点,作为车辆VI_n指标的分级标准,碰撞不同等级波形梁护栏后车辆运行状态如表2-9所示。采用最不利原则,选取每种车辆状态情况下L(障碍物距离护栏迎撞面的距离)的最小值为车辆行驶姿态的分级临界点,具体分级标准如表2-10所示。

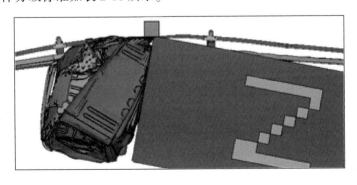

图2-9 车头侵入风险

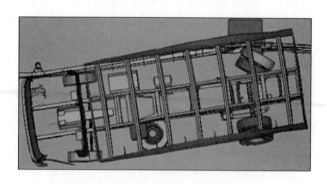

图 2-10 车辆甩尾风险

货车撞击波形梁板跨中位置时车辆运行状态　　　　　　　　　　　　　表 2-9

防护等级	三(A)级	四(SB)级	五(SA)级	六(SS)级	Max
车辆姿态	护栏迎撞面距障碍物距离 L(mm)				
车辆未受影响	2730	2270	2045	2360	2730
车头未撞上,车尾撞上,行驶状态一般	1020	1100	1060	780	1100
车头绊阻,车厢未撞上,行驶状态较差	无	810	930	600	930
车头绊阻严重,车厢撞上障碍物车辆停住	381	381	381	381	381

波形梁护栏最大动态变形值 VI_n 指标水平划分　　　　　　　　　　　　表 2-10

L(mm)	$L>2730$	$1100<L\leqslant 2730$	$930<L\leqslant 1100$	$600<L\leqslant 930$	$L\leqslant 600$
评价	好	较好	一般	较差	差

②混凝土护栏 VI_n 指标水平划分

不同防护等级混凝土护栏大货车 VI_n 值大于大客车的 VI_n 值(图 2-11),而不同防护等级混凝土护栏大货车的 VI_n 变化无明显规律(图 2-12),可见对于混凝土护栏,最大动态外倾当量值 VI_n 与护栏的防护等级(高度)、车辆的类型(载重、轴数)关系较大。

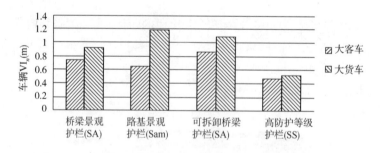

图 2-11　混凝土护栏不同车型 VI_n 值对比图

a. 确定 VI_n 最不利车型

采用两、三、四轴配重 25t 的货车碰撞五(SA)级混凝土护栏(图 2-13),结果显示 25t 三轴车 VI_n 值最大;用不同防护等级对应的碰撞车型分别碰撞同一等级混凝土护栏[四(SB)级和五(SA)级],同样是 25t 三轴车 VI_n 最大,表明三轴车为最不利车型(图 2-14),对不同防护等级混凝土护栏标准车型和 25t 三轴车型对比,验证了 25t 三轴车型为最不利车型的结论(图 2-15)。

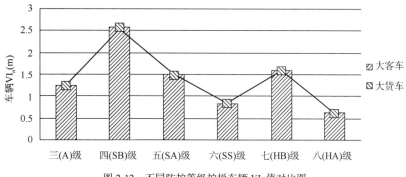

图 2-12　不同防护等级护栏车辆 VI_n 值对比图

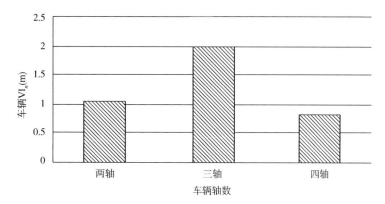

图 2-13　不同轴数载重 25t 车辆 VI_n 值对比图

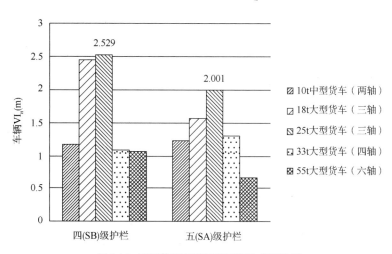

图 2-14　不同等级碰撞车型车辆 VI_n 值对比图

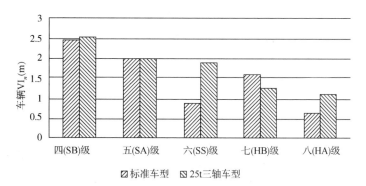

图 2-15　标准碰撞车型与 25t 三轴车型车辆 VI_n 值对比图

b.分级标准

同波形梁护栏相似,车辆碰撞混凝土护栏后,主要行车风险为:车头部位侵入护栏与障碍物碰撞,造成驾驶室的碰撞挤压风险,接着车辆甩尾造成车体后部及后轮碰撞障碍物的风险。据此通过变化障碍物与护栏的距离,找到障碍物对车辆行驶姿态影响的临界点,作为车辆 VI_n 指标的分级标准。

碰撞不同等级混凝土护栏后车辆运行状态如表 2-11 所示。根据计算仿真结果可知防护等级六(SS)级以下的混凝土护栏,即护栏高度 110cm 以下时,不同防护等级护栏障碍物的位置临界点相差不大,选取最不利情况对 VI_n 进行水平划分;当混凝土护栏高于 110cm 后,车辆驾驶室和货箱底部低于护栏高度,此时货车车头未侵入护栏,货车甩尾时货箱外倾,对行车安全影响较小。VI_n 指标水平根据车辆碰撞不同防护等级混凝土护栏后的行驶姿态进行划分,具体分级如表 2-12、表 2-13 所示。

障碍物不同位置下 25t 三轴货车碰撞不同防护等级护栏车辆姿态 表 2-11

防护等级	四(SB)级	五(SA)级	六(SS)级	七(HB)级	八(HA)级	Max
车辆姿态	护栏迎撞面距离障碍物的距离 L(mm)					
车辆未受影响	2462	1190	1899	1245	1097	2462
车头刚刚未撞上,车尾撞上	900	920	850	—	—	920
车头绊阻,车厢刚刚未撞上	650	693	640	—	—	693
车头绊阻严重,车厢撞上障碍物	<650	<693	<640	—	—	—

混凝土护栏高度 110cm 以下(含)车辆 VI_n 指标水平划分 表 2-12

L(mm)	$L>2462$	$1190<L\leqslant2462$	$920<L\leqslant1190$	$693<L\leqslant920$	$L\leqslant693$
评价	好	较好	一般	较差	差

混凝土护栏高度 110cm 以上车辆 VI_n 指标水平划分 表 2-13

L(mm)	$L>1245$	—	—	—	$L<1245$
评价	好	较好	一般	较差	差

(5)诱导标志标线完备性

诱导标志标线是用于对驾驶者引导或警告前方公路平面线形的变化,使其根据线形适当改变行车方向,促使安全运行的交通标志标线。诱导标志标线应配合设置,更好地引导车辆安全行车,诱导标志标线指标水平划分如表 2-14 所示。

诱导标志标线完备性指标水平划分 表 2-14

诱导标志标线完备性	诱导标志标线均完备	—	诱导标志或标线完备	—	诱导标志标线均不完备
评价	好	较好	一般	较差	差

2)道路条件

(1)平曲线半径

一定的平曲线半径会缓解驾驶员产生的疲劳感,但是曲线半径过小会对行车安全造成影响。统计表明事故率与半径总体呈幂指数函数关系,事故率随半径的增大而减少。对某省 5 条高速公路近 3 年(2013—2016 年)的交通事故与曲线半径的关系进行统计分析,如图 2-16 所示,故平曲线半径分级标准如表 2-15 所示。

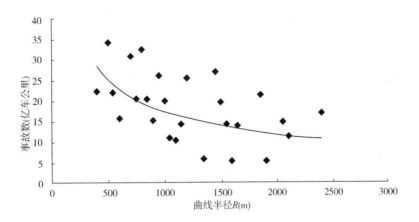

图 2-16　某省调研平曲线半径与事故率关系

平曲线半径水平划分　　　　　　　　　　　　　　　　表 2-15

平曲线半径 $R(m)$	$2500<R$	$1500<R\leqslant2500$	$1000<R\leqslant1500$	$700<R\leqslant1000$	$R\leqslant700$
评价	好	较好	一般	较差	差

(2) 坡度

纵坡坡度对交通安全的影响十分显著,往往是导致事故的直接原因。国内外的研究一致认为,道路纵坡对交通安全的影响非常大,尤其当坡度比较大时,事故率明显增大。图 2-17 为交通事故率与纵坡关系曲线图。可以看出随着坡度绝对值的增大事故率增加。其中上坡路段事故率呈线性缓慢增加,而下坡路段事故率则以抛物线形式快速上升,下坡路段的事故率明显高于上坡路段,坡度水平划分如表 2-16。

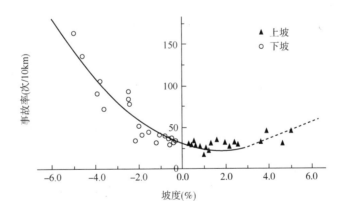

图 2-17　坡度与事故率关系

坡 度 水 平 划 分　　　　　　　　　　　　　　　　表 2-16

坡度 $i(\%)$	$-1<i\leqslant0$ 或 $0<i\leqslant2$	$-2<i\leqslant-1$ 或 $2<i\leqslant4$	$-3<i\leqslant-2$ 或 $4<i\leqslant5$	$-4<i\leqslant-3$ 或 $5<i$	$i<-4$
评价	好	较好	一般	较差	差

(3) 视距

行车视距是保证道路行车安全的重要因素之一,与道路的平面线形和纵断面线形有密切关系。研究表明:事故率随视距的增加而降低,美国通过调查研究得到了事故率与行车视距的关系曲线,如图 2-18 所示。视距不足 100m 时事故率较高;视距超过 200m 时,事故率随视距增加而降低,但降低幅度并不明显;视距超过 600m 时,事故率不再随视距变化。

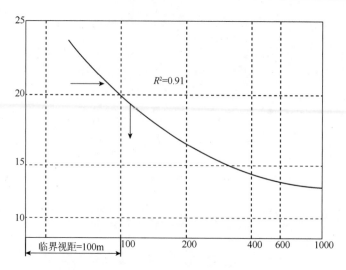

图 2-18 事故率与视距的关系

结合《公路工程技术标准》(JTG B01—2014)附录 B.0.1 货车停车视距规定(表 2-17),视距水平划分如表 2-18 所示。

高速公路货车停车视距 表 2-17

设计速度(km/h)	120	100	80	60
货车停车视距(m)	245	180	125	85

视 距 水 平 划 分 表 2-18

视距 L(m)	245<L	180<L≤245	125<L≤180	85<L≤125	L≤85
评价	好	较好	一般	较差	差

(4)隧道结构物

高速公路隧道为管状狭窄半封闭式空间,隧道内外亮度不均衡。驾驶员昼间进入隧道时,由于亮度急剧降低,无法清楚辨识洞口附近状况,产生"黑洞"效应;车辆驶出隧道时,由于洞外亮度较大,易造成驾驶员眩目,产生"白洞"效应;考虑隧道大多建在地理环境复杂的山区,线形和走向较为复杂,内部半封闭的运行环境增加了驾驶员生理和心理负荷,同时受到照明、通风等条件的影响,隧道区域交通事故频发,隧道结构物采用定性的分级标准,如表 2-19 所示。

隧道结构物水平划分 表 2-19

隧道结构物	否	—	—	—	是
评价	好	较好	一般	较差	差

(5)分合流路段

高速公路分合流路段,由于车辆间的分流、合流、交织运行频繁,往往会引起交通流紊乱、行车速度剧烈变化、交通冲突发生概率增加,是交通事故的多发路段。分合流的指标水平采用定性分级标准,如表 2-20 所示。

分 合 流 路 段 表 2-20

分合流路段	否	—	—	—	是
评价	好	较好	一般	较差	差

3)交通特征

(1)车速

大多数关于车速对事故影响的统计研究都认为,车速提高将导致事故数量上升。另外,这些研究达成这样一个共识,即车速对严重事故的影响要大于轻微事故。交通调查显示,车速越高,发生事故的危险性也就越大。澳大利亚 RTA 研究结果表明:当车速大于 60km/h 时,车速每增加 5km/h,发生事故的危险性基本上是原来的两倍,事故的严重程度也成指数形式增长,速度与事故危险性的关系如表 2-21 所示。

速度与危险性的关系　　　　　　　　　　　表 2-21

行车速度(km/h)	相对事故危险性	行车速度(km/h)	相对事故危险性
60	1.00(基数)	75	10.60
65	2.00	80	31.81
70	4.16	85	56.55

根据以上分析,结合我国高速公路设计速度及限速等级,车速水平划分如表 2-22 所示。

运行车速水平划分　　　　　　　　　　　表 2-22

车速(km/h)	$60<V\leqslant 80$	$80<V\leqslant 90$	$90<V\leqslant 100$	$100<V\leqslant 115$	$115<V$
评价	好	较好	一般	较差	差

(2)道路饱和度(V/C)

交通量与相应路段的通行能力的比值(V/C)是反映此路段拥挤程度的指标,称为道路饱和度。国内外研究发现,饱和度与事故率关系呈"U"形曲线,如图 2-19 所示。当 V/C 较小时,路面较空旷,车辆之间干扰小,车速较高,容易发生事故;随着 V/C 增大,车辆增加,相互间有一定干扰,速度随之降低,交通事故率下降;但是随着 V/C 继续增大,此时交通密度大,车辆间剐蹭及超车冲突也随之增大,事故率逐渐回升。

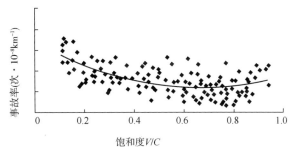

图 2-19　饱和度与事故率的关系

根据以上分析,车速标准差水平划分如表 2-23 所示。

饱和度水平划分　　　　　　　　　　　表 2-23

饱和度(V/C)d	$0.6\leqslant d\leqslant 0.8$	$0.8<d\leqslant 1$ $0.4\leqslant d<0.6$	$0.2\leqslant d<0.4$	$0.1\leqslant d<0.2$	$d<0.1$
评价	好	较好	一般	较差	差

(3)速度差

研究表明,事故数与速度的离散性相关。速度离散性大,频繁发生车辆超车和被超车,容易发生事故。Anderson 等人研究了运行速度差对安全的影响。对 5287 个平曲线上的事故数据进行分析,发现:速度差大于 20km/h 的曲线事故率比速度差在 10~20km/h 的事故率高出 2 倍,比速度差小于

10km/h 的曲线事故率高 6 倍,速度差水平划分如表 2-24 所示。

速度差水平划分 表 2-24

ΔV 平均(km/h)	$\Delta V \leq 5$	$5 < \Delta V \leq 10$	$10 < \Delta V \leq 15$	$15 < \Delta V \leq 20$	$20 < \Delta V$
评价	好	较好	一般	较差	差

(4)大车比例

此处的大车指除去小货和小客车,轴距大于 3.8m 的所有车型。大型车辆种类繁多、动力性能差异大,大型车辆的外形尺寸与车辆行驶性能与小客车存在很大差异,加速、减速及保持速度的能力都低于小客车;加之大型车体积大、载重高,在高速公路行驶过程中同时对其他车辆的视线造成阻挡,因此危险程度高于小车。根据调研云南省 5 条高速公路资料得出的大车车型比例与交通事故的关系(图 2-20),得出交通流中大车比例水平划分,如表 2-25 所示。

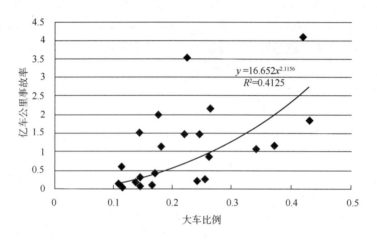

图 2-20 大车比例与事故率的关系

大车比例水平划分 表 2-25

大车比例 p(%)	$p \leq 10$	$10 < p \leq 20$	$20 < p \leq 30$	$30 < p \leq 50$	$50 < p \leq 100$
评价	好	较好	一般	较差	差

4)路侧特征

车辆冲出路侧后,影响人员伤亡的严重程度主要为:边坡坡度及高度、坡脚状态和路侧障碍物。

(1)边坡坡度及高度

边坡和坡度二者对于交通安全的影响联系较为紧密,为了建立边坡坡度、边坡高度与人员死亡率的关系,基于大多数国家对设置路侧护栏起点的研究,并结合我国高速公路的实际调查,引入描述边坡坡度和边坡高度的参数 α,将边坡坡度 i 和边坡高度 h 的乘积作为一个参数,即定义:

$$\alpha = i \cdot h \tag{2-1}$$

式中:i——路侧边坡坡度;

h——路侧边坡高度。

根据高速公路交通事故的实际调查,当边坡坡度为 1:1、边坡高度大于 4m 时,车辆如果穿越护栏外就可能有人员死亡的危险;而当边坡坡度大于 1:1 时,发生事故时死亡率的大小主要取决于边坡高度。因此,对于边坡坡度大于 1:1 的路段,边坡坡度的取值按 1:1 计算。

通过对 68 起越出路外交通事故死亡率数据的统计分析,并进行回归,得到车辆越出路外死亡率与 α 值的关系,其实际死亡率与拟合回归曲线如图 2-21 所示。

死亡率与α值关系趋势图

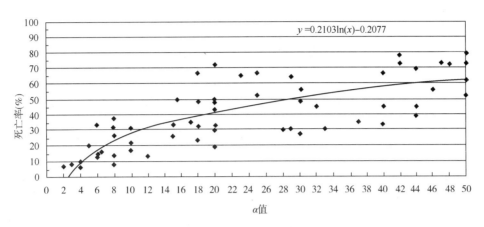

图 2-21　车辆越出路外死亡率曲线图

根据上述分析,边坡坡度及高度指标水平划分如表 2-26 所示。

边坡坡度及高度指标水平分级标准　　　　　　表 2-26

边坡坡度及高度 α	α≤1.5	1.5<α≤2	2<α≤4	4<α≤6	6<α
评价	好	较好	一般	较差	差

(2)坡脚状态

坡脚状态主要是考虑了车辆穿越路侧,可能发生的二次碰撞事故,一般是指车辆翻下边坡时有可能坠入水中,碰撞乱石、房屋、输电线塔、其他公路、铁路等。

根据不同坡脚状态对人员伤亡的影响,我们将坡脚状态分为三类:第一类:土地、树木、水深<1.5m;第二类:一般乱石、1.5m<水深<3.5m;第三类:重度乱石、水深>3.5m,不同坡脚状态下人员的死亡率曲线,如图 2-22 所示,坡脚状态分级如表 2-27 所示。

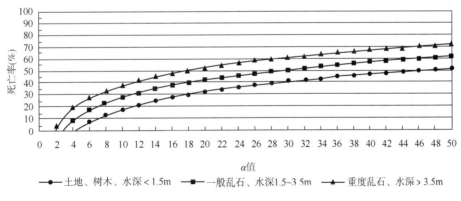

图 2-22　不同坡脚状态人员死亡率曲线

路侧坡脚状态水平划分　　　　　　表 2-27

坡脚状态	土地	树木、乱石、水深<3.5m	重度乱石、水深>3.5m	江河湖泊,距坡脚10m内有Ⅰ级铁路、一级公路等车辆驶出路外有可能造成二次重大事故	距坡脚10m内有高速铁路、高速公路、房屋、高压输电线塔、危险品储藏仓库、大型水库、饮用水源
评价	好	较好	一般	较差	差

(3)路侧障碍物

安全净区内障碍物主要是考虑车辆碰撞护栏后,可能与净区内障碍物碰撞发生的二次事故,从而造成事故损失,一方面是车辆及乘员的损失,另一方面是对障碍物等造成的危害。安全净区范围内结构物主要为可解体的孤立障碍物、孤立刚体、树木、标志灯杆立柱、门架立柱、桥墩桥台和塔索等。

①塔索、桥墩、桥台是桥梁的重要支撑结构,对于桥梁的安全性起着重大作用,车辆一旦碰撞,可能造成桥梁结构的失效,造成二次重大事故。

②可解体的障碍物受到碰撞时,结构削弱部位或断面发生破坏,以预计形态屈服,从而减轻事故的严重程度,对车辆行车安全影响较小。

③刚性障碍物对行车安全的影响,与障碍物的刚度和高度有关系。刚性障碍物主要为标志立柱或矩形刚体障碍物(隧道检修道等),采用计算机仿真分析的方法,研究分析不同刚度障碍物对车辆行车的影响。

a.对高速公路常用的标志立柱型号进行分析,对于立柱来说,$\phi 76\times 4mm$ 立柱对小车影响较小,$\phi 180\times 8mm$ 及以上规格立柱,刚度较大,会对小车产生较大影响,加速度严重超标($>20g$)如图 2-23 所示;对于大货车来说,通过车辆碰撞立柱的形态可知,$\phi 377\times 14mm$ 及以上立柱会对车辆产生较大影响。

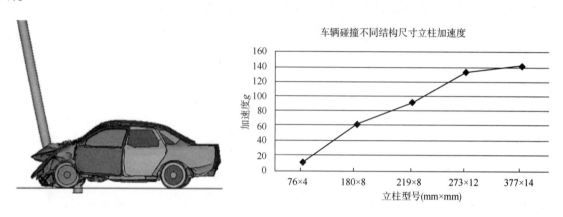

图 2-23 小客车碰撞立柱仿真过程及车辆加速度结果变化图

b.对高度为 20~100cm 的刚体障碍物进行分析,结果表明,高度大于 20cm 的刚体障碍物对小车行车安全影响较大,加速度严重超标($>20g$);高度 20cm 的刚体障碍物对大货车行车安全有一定影响;高度大于 30cm 对大货车影响较大,车辆损坏严重;如图 2-24 所示。

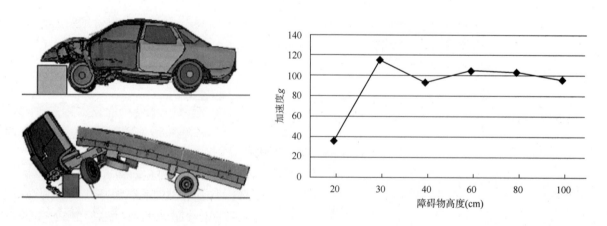

图 2-24 刚体障碍物仿真及车辆加速度结果变化图

根据上述仿真分析,及车辆穿越护栏与路侧障碍物相撞可能产生的事故严重程度,将障碍物水平划分如表 2-28 所示。

路侧障碍物水平划分　　表2-28

路侧障碍物	无结构物	路侧存在可解体的孤立障碍物,标志、灯杆等立柱型号小于等于$\phi76\times4mm$,有可能造成单车较大事故	路侧存在高度20cm以上孤立刚体、树木、标志、门架立柱、灯杆等立柱型号大于$\phi76\times4mm$、声屏障(钢立柱)、隧道入口的检修道或洞门等	路侧存在不可解体的障碍物,如桥墩、桥台、有可能造成单车重大事故	路侧存在塔索,碰撞后有可能造成二次重大事故
评价	好	较好	一般	较差	差

2.2.3 模型构建

综上对高速公路交通安全防护风险评估指标的分析,采用多级模糊综合评价的方法进行模型构建,评估指标体系如图2-25所示。

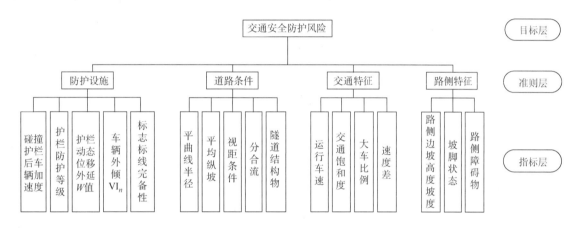

图2-25 风险评估指标体系

1)确定因素集 U

根据建立的高速公路安全防护风险评估指标体系,对因素集 U 进行划分,即:

$$U=\{U_1,U_2,U_3,U_4\}=\{防护设施,道路条件,交通特征,路侧特征\}$$

式中,$U_1=\{u_{11},u_{12},u_{13},u_{14},u_{15}\}=\{$碰撞护栏后车辆加速度,护栏防护等级,护栏动态位移外延值 W,车辆外倾 VI_n,标志标线完备性$\}$;$U_2=\{u_{21},u_{22},u_{23},u_{24},u_{25}\}=\{$平曲线半径,平均纵坡,视距条件,分合流,隧道结构物$\}$;$U_3=\{u_{31},u_{32},u_{33},u_{34}\}=\{u_{21},u_{22},u_{23},u_{24}\}=\{$运行车速,交通饱和度,大车比例,速度差$\}$;$U_4=\{u_{41},u_{42},u_{43}\}=\{$路侧边坡高度及坡度,坡脚状态,路侧障碍物$\}$。

2)建立评价集 V

评价集的确定按照交通安全防护风险的特点分为5级,即:

$$V=\{V_1,V_2,V_3,V_4,V_5\}=\{极低风险,低风险,中风险,高风险,极高风险\}=\{5,4,3,2,1\}$$

3)隶属函数

隶属程度的思想是模糊数学的基本思想,用来反映某对象具有某种模糊性质或属于某种模糊概念的程度。应用模糊数学的方法关键在于建立符合实际的隶属函数。我国学者汪培庄教授提出的随机集落影理论对于相当一部分模糊集的隶属函数的客观实在给出了满意的解释,基于这一理论的模糊统计方法是确定一类模糊集的隶属度的有效方法。本模型各指标因素集某区段元素在评语决策模糊集中某区段的隶属程度随着元素的变化基本呈线性变化,故选择线性过渡带的隶属函数,本文选用梯形分布函数,如图2-26~图2-28所示。

(1) 降半梯形分布

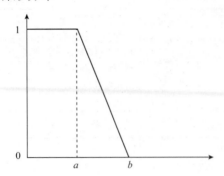

$$\mu(x) = \begin{cases} 1 & x \leq a \\ \dfrac{b-x}{b-a} & a < x < b \\ 0 & b \end{cases}$$

图 2-26　降半梯形

(2) 升半梯形分布

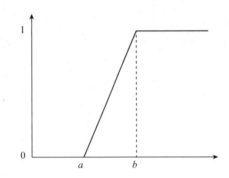

$$\mu(x) = \begin{cases} 0 & x \leq a \\ \dfrac{x-a}{b-a} & a < x < b \\ 1 & x \geq b \end{cases}$$

图 2-27　升半梯形

(3) 中间形梯形分布

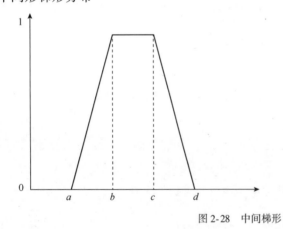

$$\mu(x) = \begin{cases} 0 & 0 \leq x \leq a \\ \dfrac{x-a}{b-a} & a < x < b \\ 1 & b \leq x \leq c \\ \dfrac{d-x}{d-c} & c < x < d \\ 0 & x \geq d \end{cases}$$

图 2-28　中间梯形

4) 权重确定

通过对各指标对交通安全防护重要性进行比较判断,确定各指标对交通安全防护影响的权重。通过构造判断矩阵的方法确定指标的权重,各指标权重如表 2-29、表 2-30 所示。

准则层各指标权重　　　　　表 2-29

指标	安全防护设施	道路条件	交通特征	路侧特征
编号	U_1	U_2	U_3	U_4
权重	0.5098	0.0940	0.2081	0.1881

指标层各指标权重 表2-30

	指标	加速度	护栏等级	护栏动态位移 W 值	车辆动态外倾 VI_n	标志标线完备性
安全防护设施	编号	U_{11}	U_{12}	U_{13}	U_{14}	U_{15}
	权重	0.2319	0.4639	0.0986	0.0986	0.1069
道路条件	指标	平曲线半径	坡度	视距	分合流	隧道结构物
	编号	U_{21}	U_{22}	U_{23}	U_{24}	U_{25}
	权重	0.3866	0.3103	0.0944	0.0870	0.1217
交通特征	指标	车速	道路饱和度	速度差	大车比例	
	编号	U_{31}	U_{32}	U_{33}	U_{34}	
	权重	0.5087	0.1116	0.2470	0.1327	
路侧特征	指标	边坡坡度、高度	坡脚状态	路侧障碍物		
	编号	U_{41}	U_{42}	U_{43}		
	权重	0.4934	0.1958	0.3108		

2.3 交通安全防护风险评估方法

2.3.1 评估步骤

高速公路交通安全防护风险评估可按如下步骤进行：

1）基础数据采集

需要采集的基础数据包括：公路沿线视频、路侧特征数据、对应的里程桩号信息、路线及交通工程施工图纸、交通量信息和运行速度信息等。

2）数据处理

将评估路段按照评估指标体系各指标类别进行分段处理，即以各指标出现变化的点作为分段的区间节点，并确定各路段指标层各评估指标值。

3）指标水平计算

采用梯形隶属度函数，根据2.2.2.2节各指标的分级标准计算指标层各指标的隶属度。

4）评估计算

采用模糊层次法计算评估结果，参照风险等级分级表，确定风险等级，如表2-31所示。

交通安全防护风险等级分级表 表2-31

评价等级	Ⅰ级	Ⅱ级	Ⅲ级	Ⅳ级	Ⅴ级
对应风险	低	较低	一般	较高	高
对应风险值	[1,1.8)	[1.8,2.6)	[2.6,3.4)	[3.4,4.2)	[4.2,5]

2.3.2 评估应用示例

1）基础数据采集

某高速公路采用双向六车道高速公路技术标准，设计速度为100km/h，路基宽度为33.5m，对右线K0+203~K1+138路段进行交通安全防护风险评估，收集了该高速的道路路线及交通工程施工图纸、路侧特征数据、交通量、车辆运行速度等基础数据。

2）数据处理

K0+203~K1+138路段分段结果及各指标层值如表2-32所示。

路段划分及各指标值汇总表　　　　　　　　表 2-32

路段	K0+203~K0+305	K0+305~K0+380	K0+380~K0+620	K0+620~K0+905	K0+905~K1+138
加速度 g	5.21	11.76	0	11.76	5.21
护栏等级	SS	A	挖方	A	SS
横向动态位移 W(mm)	0	1511	1511	0	0
车辆外倾当量值 VI_n(mm)	0	1511	1511	0	0
诱导设施完备性	是	是	是	是	是
曲线半径值(m)	1500	1500	1500	1500	1500
坡度(%)	1.47	1.47	1.47	1.47	1.47
视距(m)	169	169	169	169	169
隧道	否	否	否	否	否
分合流	否	否	是	否	否
车速(km/h)	112	112	112	112	112
饱和度值	0.1564	0.1564	0.1564	0.1564	0.1564
大车比例(%)	28.9	28.9	28.9	28.9	28.9
速度差(km/h)	12	12	12	12	12
边坡坡度、高度	6.47	2.47	0	3.33	27
坡脚状态	高速公路	土地	高速公路	土地	土地
路侧结构物	无	门架	门架	无	无

3) 指标水平计算

以 K0+203~K0+305 段为例,采用梯形隶属函数,计算各指标的隶属度,如表 2-33 所示。

指标层指标隶属度　　　　　　　　表 2-33

指标	好	较好	一般	较差	差
加速度 g	0.000	1.000	0.000	0.000	0.000
护栏等级	0.000	1.000	0.000	0.000	0.000
横向动态位移 W(mm)	1.000	0.000	0.000	0.000	0.000
车辆外倾当量值 VI_n(mm)	1.000	0.000	0.000	0.000	0.000
诱导设施完备性	1.000	0.000	0.000	0.000	0.000
曲线半径值(m)	0.000	1.000	0.000	0.000	0.000
坡度(%)	0.530	0.470	0.000	0.000	0.000
视距(m)	0.000	0.594	0.406	0.000	0.000
隧道	1.000	0.000	0.000	0.000	0.000
分合流	1.000	0.000	0.000	0.000	0.000
车速(km/h)	0.000	0.000	0.000	0.400	0.600
饱和度值	0.000	0.000	0.000	1.000	0.000
大车比例(%)	0.000	0.000	0.220	0.780	0.000
速度差(km/h)	0.000	0.000	1.000	0.000	0.000
边坡坡度、高度	0.000	0.000	0.000	0.000	1.000
坡脚状态	0.000	0.000	0.000	0.000	1.000
路侧结构物	1.000	0.000	0.000	0.000	0.000

4)模糊评估计算

将各路段各指标的隶属度向量与各指标的权重进行模糊计算,采用加权平均型 $M(\cdot ,+)$ 算子,合成模糊综合评价结果向量,采用加权平均法,最终得到模糊综合评价结果(表2-34)。

安全防护风险等级评估结果汇总表　　　　表2-34

路段	好	较好	一般	较差	差	评估值	风险等级
K0+203~K0+305	0.2486	0.4100	0.0425	0.1057	0.1932	2.58469	Ⅱ级
K0+305~K0+380	0.1767	0.1056	0.3120	0.3422	0.0635	3.010157	Ⅲ级
K0+380~K0+620	0.5792	0.0657	0.1408	0.1057	0.1085	2.098481	Ⅱ级
K0+620~K0+905	0.2854	0.0553	0.2229	0.3728	0.0635	2.873595	Ⅲ级
K0+905~K1+138	0.2854	0.4100	0.0425	0.1057	0.1563	2.43737	Ⅱ级

第3章 安全高防护风险路段护栏设置

我国高速公路发展迅速,实现了跨越式增长,公路交通安全设施的设计也积累了大量的实践经验。但高速公路交通事故率和死亡率居高不下,具有重特大交通事故多、伤亡率高、直接经济损失严重等特点,尤其在一些特殊路段,如小曲线半径、高边坡、高路堤和桥梁等,交通事故频繁发生。按事故多发位置分布可分为路侧高风险路段、桥梁高风险路段以及小曲线半径路段等。本章内容主要在大量公路安全状况调研和分析、安全设施设计实践、相关安全设施科研的基础上,对目前高速公路高风险路段的基本状况、安全设施设计方法及部分成果进行全面阐述。

3.1 路侧高风险路段护栏设置

3.1.1 概述

路侧交通事故在公路交通事故中约占30%;在一次死亡3人以上的重特大恶性事故中,由于车辆冲出路侧坠落陡崖或高桥的路侧事故约占重大恶性交通事故的一半,甚至更多。车辆冲出路外的交通事故原因很多,但造成重大伤亡事故的主要原因是路侧环境差(比如高边坡、高路堤),车辆冲出路外与路侧障碍物相撞发生二次碰撞事故等。高边坡、高路堤以及路侧障碍物等也是目前设计人员遇到的主要设计难题,随着我国对交通安全问题越来越重视,对路侧安全设计提出了更高要求,设计人员应遵循宽容路侧设计理念,根据实际情况对路侧高风险路段进行设计,最大限度地保障车辆行驶安全。

3.1.2 路侧高风险路段安全现状

1)高边坡、高路堤

目前高边坡、高路堤路段一般设置波形梁护栏,其安全防护设施防护能力明显不足,车辆一旦失控撞向护栏,很容易冲断护栏后跌入悬崖,造成较大的人员伤亡和财产损失,如图3-1所示。

a)   b)

图3-1 车辆冲断波形梁护栏跌入悬崖

2)路侧障碍物

路侧障碍物是指路侧净区以内对失控车辆可能造成严重伤害的障碍物,主要包括两类:一类是天然障碍物,主要包括树木、悬崖、水域等,另一类是人工障碍物,包括路侧安全设施以及各种沿线设施,如声屏障、标志立柱、桥墩桥台等。

(1)路侧民房、水域

高速公路穿越村庄、水域时,路侧净区较难保证,加之路侧护栏防护性能差,增大了车辆发生事故的可能性和严重性。车辆碰撞路侧护栏冲出路外,极易引起群死群伤的重特大恶性事故,给人民生命财产带来了极大损失(图3-2)。

图3-2 穿越护栏冲入水库、碰撞民房

(2)声屏障

声屏障是为减轻行车噪声对附近居民的影响而设置的,目前,在进行公路声屏障设计时,主要考虑声屏障对交通噪声的防治效果和抵抗风载的结构安全性,而忽略了声屏障的防撞安全性或对路侧护栏安全性能的影响。实际工程中,当路侧为混凝土护栏时,声屏障一般设置于混凝土护栏顶部,当路侧为波形梁护栏时,声屏障一般设置于临近路基边缘线的边坡上。

现有设置于混凝土护栏顶部的降噪设施距离护栏迎撞面较近,存在对车辆产生绊阻或声屏障碎片对乘员造成伤害的隐患。近年来,车辆碰撞声屏障的事故时有发生,造成了一定程度的人员伤亡和经济损失,降低了公路行车安全水平,如图3-3所示。

图3-3 车辆撞击声屏障事故

(3)桥墩

跨线桥墩位于被跨高速公路净区内时属于事故高发位置,车辆碰撞上跨线桥墩事故频繁发生,导致桥墩破损、桥梁倒塌、车毁人亡等恶劣后果，带来不可挽回的生命和财产损失，如图3-4所示。随着高速公路行驶车辆大型化、重载化的发展，桥墩位置将存在极大的安全防护隐患。

a) b)

图3-4 车辆撞击桥墩事故

桥墩处交通事故后果严重主要由于目前桥墩处无防护设施或防护设施设置不到位，如图3-5所示，车辆可直接与桥墩发生碰撞或与护栏碰撞后继续碰撞桥墩。

a) b)

图3-5 桥墩无防护处理或防护不到位

3.1.3 设计考虑因素

秉持宽容设计理念，使路侧设计具有"容错"的特性，能够最大限度地降低路侧事故发生频次与事故的严重程度。

1) 确定防护等级

根据路侧填方高度适当确定护栏的防护等级，在路侧环境条件差（如临村庄、水库、悬崖、深谷等）的路段适当提高护栏的防护等级；在路侧填方高度6m以上，或水域深度大于3.5m，或路侧5m范围内有村庄等路段，建议设置变形小、防护效果好的混凝土护栏，防护等级五(SA)级以上。

对于修建在高挡墙、高路堤上的护栏，其安全性主要取决于护栏基础的稳定性。对于高防护等级（五级及以上）混凝土护栏基础型式，《公路交通安全设施设计细则》(JTG/T D81—2017)没有给出推荐型式，需通过验算路侧混凝土护栏的抗倾覆稳定性来确定混凝土护栏基础尺寸，并通过实车足尺碰撞试验进行验证。

2) 障碍物的安全影响分析

在路侧护栏与事故车辆发生碰撞时，出现偏移现象是不可避免的。护栏的防护等级确定以后，如果路侧存在着对于车辆安全行驶构成严重威胁的障碍物时，对于障碍物路段护栏设计来说，还需要考虑到路侧护栏本身的变形程度对侧向空间的需求。护栏的最大动态横向位移W和车辆的最大动态外

倾当量值 VI_n 是选择某种护栏的决定因素,要对障碍物的实际危险情况和位置进行路侧安全设施设计。

(1)尽量使障碍物与护栏的距离大于护栏变形所需的侧向空间,保障车辆不会碰撞护栏后因侵入护栏或车辆侧倾碰撞到障碍物,即障碍物与护栏的距离大于护栏的最大动态横向位移 W 和车辆的最大动态外倾当量值 VI_n。

(2)当护栏与障碍物的距离不能满足护栏变形所需的侧向空间时,需通过分析护栏与障碍物的距离对车辆安全的影响,参考第2章2.2.2.2关于安全防护设施评估指标分级标准分析结果,根据风险大小,综合考虑路段特征(道路线形、交通量、运行速度、大车比例等),确定护栏在本路段的适用性,科学合理的设计路侧护栏。

3.1.4 护栏处置方式

3.1.4.1 高防护等级混凝土护栏基础

1)形式选择

《公路交通安全设施设计细则》(JTG/T D81—2017)第6.2.8条对路侧混凝土护栏基础形式进行了规定,要求路侧混凝土护栏的基础可采用座椅式和桩基式(图3-6)。规范明确指出座椅式基础适用于防护等级为三(A)级的混凝土护栏基础设置,而对桩基式基础的适用防护等级没有做出明确规定。

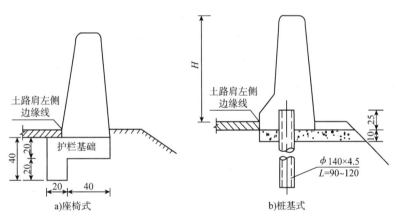

图3-6 路侧混凝土护栏基础形式(尺寸单位:cm)

对于五(SA)级护栏基础的设置,以规范规定的座椅式基础型式进行再优化,通过验算路侧混凝土护栏的抗倾覆稳定性,并考虑尽量降低碰撞过程中护栏基础的破坏程度,减少养护维修工作量,来确定适用于防护等级五(SA)级座椅式混凝土护栏基础的结构尺寸,如图3-7所示。

2)实车足尺碰撞试验验证

针对优化后的座椅式混凝土护栏基础开展了小型客车、大型客车、大型货车实车足尺碰撞试验检测,如图3-8所示。护栏所检阻挡功能、导向功能和缓冲功能均达到"B05标准"中五(SA)级防护等级的要求,护栏基础未倾覆未滑移,试验有效,强度满足要求。

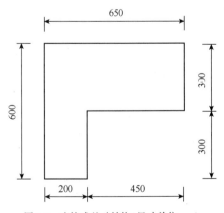

图3-7 座椅式基础结构(尺寸单位:cm)

3.1.4.2 声屏障安全设计

声屏障是一种特殊的障碍物,是不可去除或避免的,下面介绍基于五(SA)级路侧混凝土护栏对于声屏障进行安全防护设计的思路和方法。

图 3-8 实车足尺碰撞试验检测

1）碰撞特点分析

降噪设施作为一种通过控制噪声传播途径来降低公路交通噪声的结构，其最主要的功能就是降噪。同时由于其安装于路侧，属于路侧交通设施，对于车辆来说也是一种路侧障碍物，所以设置声屏障时，要考虑其对行车安全的影响。

大型客车和大型货车碰撞路侧护栏时，极易直接碰撞安装在护栏顶部的直立形声屏障，车辆发生严重绊阻、甚至会发生声屏障插入车体内的情况，造成较大的人员伤亡。

针对以上车辆碰撞护栏顶部声屏障的事故形态，进一步采用计算机仿真分析技术手段，对车辆碰撞直立形声屏障的形态进行了模拟分析。由于小型客车的高度较小，碰撞时不会撞击到声屏障，因此仿真模拟主要采用大客车和大货车两种车型进行分析（图 3-9）。

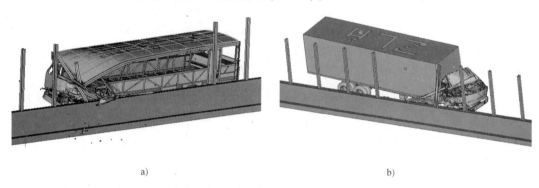

图 3-9 直立形声屏障大客车、大货车仿真结果

仿真结果表明，大型客车或大型货车碰撞安装于护栏顶部的直立形声屏障时，声屏障立柱均会对车辆产生较大绊阻，使车辆驾驶舱产生严重变形，严重威胁车内乘员的生命安全，声屏障的安装影响了护栏的安全防护性能。

2）安全性能影响因素分析

大量的实车足尺碰撞试验表明，车辆碰撞护栏的过程中，主要在车头碰撞和车尾碰撞护栏的时刻，造成较大的车辆侧倾。若在车辆侧倾范围内的护栏顶部设置不连续的刚性构造物（如间断设置的刚性立柱），则车辆侧倾后必然将碰撞刚性构造物。试验表明，车尾侧倾后碰撞刚性构造物一般不会对车辆产生绊阻，而车头的侧倾则会增加车辆直接碰撞刚性构造物并导致绊阻的概率。结合声屏障的事故形态来看，大型车辆车头侧倾是导致车辆直接撞击声屏障的关键因素如图 3-10 所示。

车辆碰撞护栏顶部声屏障的过程，所涉及的对象主要有护栏、声屏障，基于二者分析车辆直接撞击护栏顶部声屏障产生绊阻风险的原因。

（1）护栏因素

作为声屏障基础（安装平台）的护栏，其高度与刚度的大小是影响声屏障立柱是否对碰撞车辆绊阻的重要因素。车辆侧倾值与护栏高度、变形的关系示意，如图 3-11 所示。护栏的刚度越大、高度越高，车辆侧倾越小。

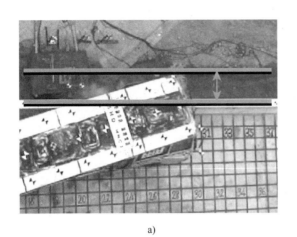 

图 3-10　大型车辆碰撞 SA 级混凝土护栏的车头侧倾

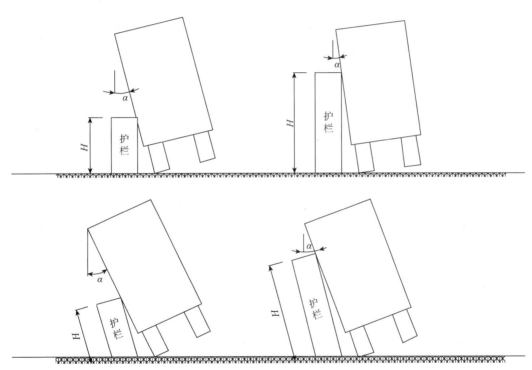

图 3-11　车辆侧倾值与护栏高度、变形的关系示意

（2）声屏障因素

声屏障主要由声板与刚性支撑立柱组成，刚性支撑立柱间隔设置，声板设置于刚性立柱之间，声板自身的刚度及强度较小，与立柱的刚度及强度差别较大。在车辆的碰撞过程中，声板容易被撞并产生大变形或掉落，导致车辆直接碰撞刚性立柱，从而发生绊阻，如图 3-12 所示。

（声板变形大绊阻）

图 3-12　声板刚度对绊阻的影响关系

3)设计思路及方法

车辆侧倾后碰撞立柱是造成车辆绊阻而影响安全性能的主要形态,而车辆侧倾和声屏障与护栏迎撞面距离过小且刚度不连续是主要影响因素,因此,本设计的关键是控制车辆绊阻。有效、可行的控制车辆绊阻的方式主要有:增加护栏高度控制车辆侧倾;增设声屏障横梁提升刚度连续性;向护栏外侧退让安装声屏障增加声屏障与护栏迎撞面的距离;通过解体消能原理设计声屏障立柱来避免车辆与立柱发生绊阻。

(1)控制车辆侧倾的方式

控制车辆侧倾的方式主要包括提升护栏刚度、增加护栏高度。

①提升护栏刚度:对于混凝土护栏来说,提升刚度的方式为增加护栏配筋和加大护栏截面尺寸。

②增加护栏高度:在刚度合适的条件下,护栏高度越高,则车辆碰撞时的侧倾就会越小。实际工程中,增加护栏高度的方式有很多种,例如加高混凝土护栏墙体、增加金属横梁等。

(2)控制声屏障刚度连续性的方式

控制声屏障刚度连续性的方式为降低刚性立柱的刚度或增大声板的刚度,使二者刚度相协调。但由于声屏障属于大面积挡风结构,需要抵抗风载受力,若降低支撑钢立柱刚度,将不利于声屏障结构的抗风载安全性;提高声板刚度有较多的方式,例如可以采用增加大刚度的钢横梁(高度方向满布)、增加声板材料的截面(例如厚度)或增强声板的力学性能(采用高强度钢材)等,但是会增加声屏障成本,同时降低声屏障的外观效果。

(3)控制声屏障与护栏迎撞面的距离的方式

声屏障与护栏迎撞面的距离是导致车辆绊阻的重要因素,可增加声屏障与迎撞面的距离,即将声屏障向护栏外侧退让,安装于护栏的背部或通过支架悬出护栏外或在护栏外做独立基础(图3-13),但这样会大大增加声屏障的安装难度,不利于成本与工期的控制。

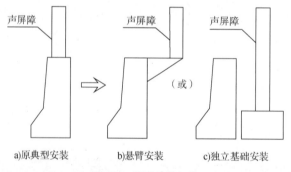

图3-13 距离控制方式

a)原典型安装　b)悬臂安装　c)独立基础安装

(4)采用消能解体原理控制声屏障立柱刚度过大发生阻绊现象

路侧解体消能设施的设计原则:减小路侧设施构造物的刚度,当失控车辆撞上此类路侧设施构造物的杆柱时,杆柱能够发生解体、变形、断裂,从而减小因车与杆柱相撞产生的作用于失控车辆的荷载,降低此类交通事故对车与乘客伤害的严重程度。解体消能结构目前在交通标志杆应用较多,但在其他交通安全设施的应用较少。

综上所述,依靠任何一种方式单独实施来达到效果或实现目标时,都会带来一定的问题,如增加护栏高度、增设声屏障横梁都会对景观效果和成本造成影响,而声屏障向护栏外侧退让安装则会增加安装施工的难度,故在设计时应综合各种控制方式,解决车辆绊阻的问题。

4)结构设计

增加护栏高度与增设声屏障横梁有一定的相似性,若能在增设横梁的同时又能进行退让安装,则可以减少横梁数量和减小横梁规格,也能减小声屏障向外侧退让的距离,既有利于消除对造价成本和景观方面的影响,又能降低安装施工的实施难度。

本设计采用增加护栏高度、增设横梁、退让安装与解体消能的控制方式为原则进行声屏障综合设计。

（1）结构形式

根据上述原则,结合声屏障的景观造型、声板安装特点及以往护栏上金属构件的设计经验,所研发声屏障如图 3-14 所示,其造型寓意"扬帆起航"。

图 3-14　声屏障结构

声板材料为全透明 PC 板,支撑结构采用双腹板 H 形立柱,采用双横梁结构,增加横梁刚度,既解决大客车在底部绊阻的风险,又可提高对大货车的阻挡与导向能力,减小结构变形破坏。

（2）结构安全性能验证

采用大型货车对声屏障对护栏的安全影响进行实车足尺碰撞试验验证,如图 3-15 所示。大型货车碰撞护栏后平稳驶出,并恢复到正常行驶姿态,没有穿越、翻越和骑跨护栏,试验有效,所检阻挡功能、导向功能和缓冲功能均满足要求,声屏障未对车辆产生绊阻,结构安全可靠。

a)　　　　　　　　　　　　　　b)

图 3-15　大型货车碰撞后车辆外倾情况

3.2　桥梁高风险路段护栏设置

3.2.1　概述

桥梁一般为跨越山涧、江河湖海、不良地质等路段的构筑物。桥梁护栏是一种特殊路段的路侧护栏。桥梁路段路侧危险程度明显比路基段高,像跨越高速公路、铁路或城市饮用水源等路段的桥梁,车辆碰撞桥梁护栏事故发生概率较高;同时载货车辆碰撞护栏过程中存在污染物散落的情况,且正常行驶车辆运行过程中乘员向桥外抛洒污染物的现象也较为普遍,对道路使用者的生命财产安全和桥外自然环境(尤其是水资源保护区、跨铁路、跨桥梁等特殊路段)带来极大威胁,是目前桥梁高风险路段的防护重点。

3.2.2 桥梁高风险路段安全现状

为了保护桥梁段运营安全,目前普遍采用桥梁护栏来防护失控车辆,降低事故严重程度。混凝土护栏的防护效果较好,但混凝土护栏外观呆板,不通透,美观性较差。针对跨越水资源、高速铁路等的桥梁,为了防止物体从桥侧意外坠落,或防止向桥下抛洒物体,影响桥下安全,国内目前在桥梁护栏上部或外侧设置桥梁防抛网或防落网结构进行防护,如图3-16所示。然而在实际应用过程中发现,现有防抛网虽具有一定防护效果,但仅限于较大粒径的固体抛洒物,无法防护小颗粒固体和液体抛洒物,防护对象十分有限,且与护栏匹配设置安全性不确定,存在绊阻或构件插入车体的风险。未能达到良好的防护效果,且其自身结构在车辆碰撞过程中的安全性不确定,存在安全隐患。

图3-16 现有桥梁安全防护体系

3.2.3 设计考虑因素

桥梁护栏选型时,"17规范"规定应考虑以下因素:

(1)桥梁护栏的防护性能。护栏的基本功能是防撞,所以要保证护栏的防护性能满足要求。在跨越大型饮用水水源一级保护区和高速铁路的桥梁以及特大悬索桥、斜拉桥等缆索承重桥梁,护栏防护等级宜采用八(HA)级。

(2)受碰撞后的护栏变形程度。桥梁护栏受碰撞后,其最大动态位移外延值(W)或大中型车辆的最大动态外倾当量值(VI_n)不应超过护栏迎撞面与被防护的障碍物之间的距离。

(3)环境和景观要求。

(4)结构要求。

(5)护栏的全寿命周期成本。

除去以上因素外,还应考虑护栏的多元功能,跨越水资源、高速铁路、公路等敏感路段,需要考虑车辆碰撞护栏过程中的抛洒物(尤其是危险品污染物)会对桥外车辆行人或环境(如水资源)造成伤害或污染,要建立由桥梁护栏和与之相适配的防散落装备组成的桥梁护栏二元防护体系,实现对此桥梁段事故车辆防护和污染物阻挡收集的综合功能。

3.2.4 护栏处置方式

3.2.4.1 高防护等级美观护栏

1) 高防护等级美观混凝土护栏

对环境和景观要求较高的高风险桥梁路段,不仅对护栏的防护等级要求高,对护栏的美观性和通透性也提出了更高要求。鉴于此需求,设计了一种美观型高防护等级桥梁混凝土护栏,墙体采用"镂空"的处理方法,达到护栏通透、美观的效果,如图3-17所示。该护栏通过三种车型实车足尺碰撞试验验证,各项指标均符合"B05标准"的要求,开孔后护栏墙体强度满足大型客车和大型货车的防护需求,且未对小型客车造成绊阻现象,护栏防护能力达到六(SS)级,如图3-18所示。

图3-17 高防护等级美观桥梁混凝土护栏

a)   b)   c)

图3-18 实车足尺碰撞试验

2) 特高等级桥梁护栏

对于跨越水资源、高速铁路、公路等敏感路段的桥梁,"17规范"建议设置八(HA)级护栏。考虑护栏通透及美观效果,设计了一种"人本型"型钢护栏,防护等级达到八(HA)级,如图3-19所示。

图3-19 八(HA)级桥梁型钢护栏

3.2.4.2 防散落装备结构

考虑到桥梁护栏防护等级越高,危险程度就越大,对与之匹配设置的防散落装备性能要求亦更为严格,因此为了实现防散落装备良好的适用性,从较不利角度出发,以八(HA)级桥梁型钢护栏结构为基础,开展了防散落装备主体结构设计。对于其他类型桥梁护栏来说,均可采用所研发的防散落装备主体结构成果,只需针对桥梁护栏具体形式和连接方式进行特殊设计即可。

1) 性能指标

传统的桥梁防散落设施(防抛网)的防护范围十分有限,未能良好地保护桥外环境安全,因此根据公路实际防护需求,结合规范的相关规定,从防护对象和结构安全两个方面确定防散落装备的性能指标。

(1) 防护对象

固体和液体(如有毒有害的化学制品)散落物均存在污染桥外水源或影响相邻路段交通安全的隐患,为了保护全线路段及桥外环境的安全,防散落装备的防护对象包括固体散落物和液体散落物。

(2) 结构安全

若防散落装备(防抛网)结构及其设置不合理,不仅影响护栏的正常防护效果,且易引发车辆剐蹭,甚至构件插入车体的严重事故。要求防散落装备在工作状态下,其设置不影响行车安全;在非工作状态下,其结构强度应能满足自重和风载的作用要求。

2) 结构型式

根据防散落装备性能指标要求,结合相关成果与研究经验,确定防散落装备主要由立柱、防落板、连接梁和底板四部分组成。

(1) 防护高度

从安全角度出发,确定防散落装备顶端距离桥面高度为 2.5m,从而更全面的保护桥外环境与桥下交通运营的安全。

(2) 外展设计

车辆碰撞护栏过程中,车体往往会向护栏外侧发生侧倾,若防散落装备设置不合理(如置于护栏顶部),极易发生车辆剐蹭、绊阻等情况,对车辆和乘员安全形成安全隐患,甚至影响护栏的正常防护性能。为避免防散落装备对行车安全带来的不利影响,采用结构外展处理方式,即将防散落装备置于车辆碰撞侵入桥梁护栏范围之外。

车辆侵入护栏外侧的主要原因包括车体碰撞结构变形和车辆结构外倾两个方面。对于八(HA)级桥梁型钢护栏来说,试验的四种车型碰撞护栏过程中,特大型客车的结构变形最大,车辆侵入护栏外侧距离约为 448mm,如图 3-20a) 所示,位于护栏顶部位置;整体式货车动态外倾当量值最大,为 1085mm,车辆侵入护栏外侧距离为 585mm,如图 3-21a) 所示,位于护栏以上空间(距桥面约 3.5m)。从安全角度出发,为保证一定的安全余量,防散落装备外展的第一个控制点在护栏顶部,以车体变形侵入(448mm)为依据,将护栏外侧与防散落装备立柱内侧的距离定为 500mm,如图 3-20b) 所示;第二个控制点在防散落装备顶部,在距桥面 2.5m 处,以整体式货车外倾当量值(1085mm)为依据,护栏迎撞侧与防散落装备立柱内侧的距离定为 1200mm,如图 3-21b) 所示。

(3) 防落板结构形式

防落板是防散落装备的关键性组成构件,通过合理的板面设计实现良好的固体和液体散落物防护功能、透风性能及美观效果。根据调研资料,结合功能需求,采用横向百叶形式,如图 3-22 所示。

(4) 防落板支撑结构形式

防散落装备采用 T 形立柱,间距为 2m,立柱与护栏间通过上下两根横梁进行双道连接,设置底部封板以收集坠落物,整体结构如图 3-23 所示。

 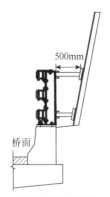

a)特大型客车结构变形　　　　b)防散落外展距离

图 3-20　车辆碰撞侧结构变形侵入护栏外侧

 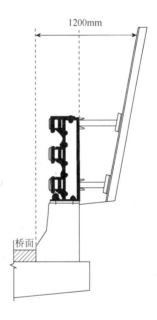

a)整体式货车外倾　　　　b)防散落外展距离

图 3-21　车辆外倾侵入护栏外侧

图 3-22　横向百叶形式图　　　　图 3-23　防散落装备整体结构

防散落装备为通用型结构,实际工程中,仅对连接构件进行针对性设计,便可与多种类型的桥梁护栏合理匹配应用,构成保障桥侧综合运营安全的二元防护体系。图 3-24 为防散落装备六(SS)级桥梁混凝土护栏和现有最高八(HA)级桥梁型钢护栏的匹配设置情况。

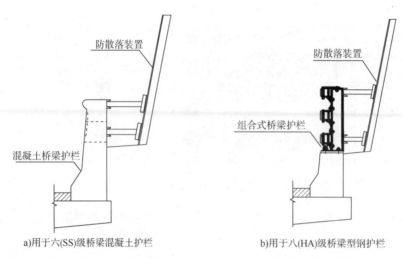

a)用于六(SS)级桥梁混凝土护栏　　　　b)用于八(HA)级桥梁型钢护栏

图 3-24　防散落装备与不同型式护栏的匹配设置

3)防散落功能试验

为了检验所研发的防散落装备对散落物的防护功能,组织开展了功能性试验研究,按照要求建造了八(HA)级桥梁型钢护栏结构,并加工制作了防散落装备各部分构件,完成了整体结构安装,最终效果如图 3-25 所示。

图 3-25　防散落装备

考虑不同防护对象、试验方式及防护高度等因素,开展了防散落装备防护大颗粒固体(2~5cm 石子)、小颗粒固体(6mm 以下豆砾石)、一般液体和高压水柱四种功能性试验,结果表明:防散落装备可阻挡 98%以上大颗粒固体、95%以上小颗粒固体、95%以上普通洒水液体和 85%以上高压水柱液体,具备较好的阻挡、收集污染物的功能。

3.3　小半径曲线路段护栏设置

3.3.1　概述

曲线路段的交通事故发生概率较大,研究表明交通事故随着曲线半径的增大而减小,当曲线半径<1000m 时,事故概率增长幅度骤增,当曲线半径<550m 时,事故概率增至平均水平的 6 倍。大量交通事故统计表明,发生在弯道的事故占总事故的 52%。高速公路车辆运行速度高,小半径曲线路段更是事故多发路段,如图 3-26 所示。小半径曲线路段行车风险主要体现在以下方面:

(1) 车辆驶出路外风险高。车辆通过半径较小的曲线路段时，尤其是当小曲线半径前接长直线时，容易造成车辆进入曲线的速度较高，加之驾驶员视线不良等原因，车辆极易发生转向不足或转向失控，冲向路外或中央分隔带，轻者车辆损坏，重者车辆冲出路面，造成重大事故。在雨、雪、雾等能见度不佳的气象条件下，路面湿滑等因素更加剧了事故发生概率及危险程度。

(2) 车辆碰撞障碍物风险大。车辆驶离行车道驶向路外或中分带，极有可能与护栏发生碰撞，由于曲线半径的问题，导致失控车辆与护栏碰撞时夹角大于直线路段，造成实际碰撞能量增大，会对乘员造成较大的冲击，加大了车辆碰撞护栏的安全风险。如果护栏的强度不足，则常会发生车辆冲出路外的情况；但如果护栏太刚、太强，往往对小型车辆的冲击伤害较大，同时对大型车的导向功能也是考验。因此路侧护栏的安全性能优劣也是小半径曲线路段的风险特征之一。

a)   b)

图 3-26 小半径曲线路段交通事故

3.3.2 小半径曲线路段护栏设置现状

常用于高速公路的护栏形式主要有波形梁护栏和混凝土护栏两种，下面分别对两种护栏形式在小半径路段的适用性进行分析。

1) 波形梁护栏

对于小半径曲线路段，由于线形关系，导致失控车辆与护栏碰撞时夹角大于直线路段，造成实际碰撞能量增大，会出现护栏防护能力不足的问题。为了研究波形梁护栏在小半径曲线段的安全防护能力，采用计算机仿真分析方法，建立曲线半径 $R=60\text{m}$ 的护栏模型进行小型客车、中型客车、大型货车的仿真碰撞分析；结果显示：小型客车乘员碰撞后纵向最大加速度超标，中型客车碰撞波形梁护栏后骑跨护栏，且护栏迎撞面侧波形板损坏严重如图 3-27a) 所示；大型货车骑跨护栏，波形板断裂如图 3-27b) 所示，对乘员安全造成较大威胁。

a) 中型客车骑跨护栏　　　　　　　　b) 大型货车骑跨护栏

图 3-27 车辆碰撞小半径曲线段波形梁护栏计算机仿真分析结果

2) 混凝土护栏

混凝土护栏属于刚性护栏，在车辆碰撞过程中主要依靠自身刚度使车辆抬高和变形来吸收碰撞能量,由于护栏自身刚度较大,车辆碰撞引起护栏变形较小,可以避免车辆碰撞护栏后因护栏横向变形较大侵入对向车道限界内的情况。

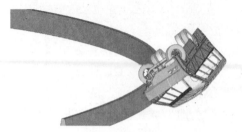

图3-28 中型客车碰撞小半径曲线段混凝土护栏计算机仿真分析结果

为了研究混凝土护栏在小半径曲线路段的安全防护能力,采用计算机仿真分析方法,建立曲线半径$R=80m$的护栏模型进行小型客车、中型客车、大型货车的仿真碰撞分析;结果显示:小型客车碰撞后加速度接近标准上限,会对乘员造成较大冲击,中型客车碰撞护栏后发生翻车(图3-28)。

由此可知,混凝土护栏虽然可以避免车辆进入对向车道,但由于其自身刚度较大,小型车辆碰撞时对车辆及乘员损伤较为严重;对大型车来说,在小半径曲线路段大角度、高速度的碰撞会使车辆产生跃起,导致车辆运行失稳,尤其对于高重心货车易产生车辆侧翻等不利状况。

3.3.3 设计考虑因素

根据上述小半径曲线路段的安全风险特征的分析,结合当前小半径路段护栏所存在的安全问题,小半径曲线路段护栏的设置需考虑以下几方面因素:

(1)有足够的防护能力。在小半径路段车辆碰撞护栏的能量有可能大于一般路段,建议提高护栏防护等级。

(2)导向和缓冲功能的良好匹配。小半径路段曲线半径较小,导致失控车辆与护栏碰撞时夹角大于直线路段,造成实际碰撞能量增大,会对乘员造成较大的冲击,不利于保护乘员的安全。因此该段护栏在满足防护能力要求同时,具有较好的缓冲吸能功能,最大限度吸收碰撞能量,降低碰撞对乘员的冲击作用。同时具有良好的导向功能,使车辆尽快顺利导出并恢复运行状态。

(3)合理控制最大动态变形。如果护栏动态变形较大依然对车辆稳定性造成影响,特别对于中央分隔带而言甚至影响其他车辆。在中央分隔带小半径路段由于道路宽度相对较窄,设置护栏空间有限,并且与行车道距离较近,当中央分隔带护栏刚度较低时,车辆碰撞导致护栏产生较大变形并侵入对向车道,会对对向车道行车产生影响。因此,护栏还应具有合适的刚度,吸收碰撞能量同时产生较小的变形,防止车辆和护栏侵入对向车道造成严重的二次事故。

(4)具有良好的视线诱导功能。良好的视线诱导功能,可对行驶车辆起到导向的作用,减小交通事故发生的概率。

3.3.4 护栏处置方式

介绍一种"多功能型护栏",其防护等级达到"B05标准"中的四(SB)级,采用模块化设计,由多组防撞吸能单元组成,每组防撞吸能单元由立柱、上箱体、下箱体和导向旋转体组成,如图3-29所示。

1)结构特点

多功能型护栏采用模块化设计,采用650mm的单元长度以适用于不同曲线半径路段的安装,通过模块之间的拼接来增强护栏的横向刚度,模块与立柱连接来增强护栏的纵向刚度。

(1)防撞吸能单元

多功能型护栏采用吸能箱结构吸收车辆的碰撞能量,通过箱体变形起到缓冲、吸能的作用。有上箱体和下箱体两种吸能箱。上、下箱体内部结构相同,仅高度不同。采用带有凹槽和折边的钢板作为迎撞面板,两迎撞面板间布置带折边的斜板和肋板提高其整体刚度,降低车辆碰撞护栏产生的横向位移。斜板与行车方向夹角为60°,有利于碰撞过程中箱体自身的变形吸能,使多功能型护栏在整体横向位移较小的条件下具有良好的吸能性能。

a)　　　　　　　　　　　　　　　　　　　　b)

图 3-29　多功能型护栏结构图

《公路工程技术标准》(JTG B01—2014)中规定圆曲线最小半径极限值为60m,多功能护栏采用模块化设计,单元长度为0.65m,为了适用任何曲线半径路段,护栏所有构件均不需在加工过程中进行特殊设计,可直接应用于工程实际,并且施工、安装方便。

(2)导向旋转体

多功能型护栏上、下箱体间采用高弹性导向旋转体来提高护栏的缓冲和导向功能,在碰撞过程中通过导向旋转体的变形和旋转把一部分车辆与护栏间的滑动摩擦转化为滚动摩擦,起到缓冲作用的同时还具有良好的导向功能,使车辆恢复到正常行驶方向,降低事故对乘员和车辆的损害程度。在导向旋转体上、下设置钢制回旋圈,减小导向旋转体在旋转过程中和防撞吸能单元之间的滑动摩擦力,有利其旋转。

2)性能特点

(1)安全防护性能

根据"B05 标准"要求,进行小型客车、中型客车、大型货车的 3 次实车足尺碰撞试验,如图 3-30 所示。

a)小型客车　　　　　　　　　　b)中型客车　　　　　　　　　　c)大型货车

图 3-30　护栏实车足尺碰撞试验

测得最大乘员碰撞速度 7.8m/s,乘员碰撞后加速度最大值 $68.4m/s^2$,最大横向动态变形值 465mm,最大横向动态位移外延值 760mm,可知,护栏对小型客车缓冲功能满足规范标准要求,并且乘员碰撞速度以及乘员碰撞后加速度远小于规范阈值,对乘员造成的冲击小。大型车碰撞护栏导致护栏变形和车体侧倾也较小,降低了车辆侵入对向车道或车辆倾斜影响对向车道车辆安全行驶的概率,提高了小半径段道路行驶安全性。

(2)景观特性

对多功能型护栏外观进行功能性设计以实现良好景观效果、安全诱导与警示功能,包括在立柱处安装柱帽式轮廓标和在迎撞面板凹槽内或两凹槽间设置线性轮廓标等方式,如图 3-31 所示。

图 3-31　多功能型护栏外观功能性设计方案

(3) 基础适用性

多功能型护栏采用混凝土基座作为基础，基座埋置深度 180mm，立柱与基础之间通过法兰连接，如图 3-32 所示，在路基段和桥梁段均具有较好的适用性。

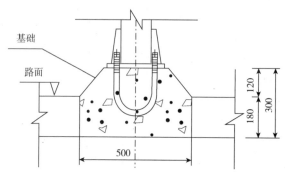

图 3-32　多功能型护栏基础形式(尺寸单位:mm)

3.4　小结

本章主要阐述了目前高速公路高风险路段的安全状况，分析了高风险路段安全设施设计方面主要存在的问题，分析了设计时需考虑的因素，在此基础上介绍了几种新型成果，分别如下：

(1) 一种满足高防护等级五(SA)级要求的混凝土护栏基础形式；
(2) 一种车辆碰撞护栏后不会对行车造成影响的满足路侧安全防护需求的防撞型声屏障；
(3) 两种桥梁护栏和与之相适配的防散落装备组成的桥梁护栏二元防护体系；
(4) 一种模块化设计的"多功能型"护栏，可适用于不同曲线半径路段。

第 4 章　中央分隔带开口护栏

4.1　概述

中央分隔带是高速公路的重要组成部分,主要起隔离对向交通的作用,但为了能够快速合理地应对紧急事件,高速公路一般在互通式立体交叉、隧道、特大桥、服务区等构造物前后,以及整体式路基、分离式路基的分离(汇合)处设置中央分隔带开口,使车辆在必要时可通过开口进入对向车道行驶,完成交通事故处理、紧急救援、抢险、公路维修养护等临时改道的交通组织,避免不必要的损失,同时《公路路线设计规范》(JTG D20—2017)规定,中央分隔带开口最小间距应不小于2km,开口长度不应大于50m。

由于高速公路对向交通是完全隔离的,为保持中央分隔带防护性能的完整性,在高速公路中央分隔带开口处需设置具有开启功能的公路护栏结构段,可有效封闭中央分隔带开口,填补公路纵向断链空白。根据相关统计数据,中央分隔带开口一直以来都是高速公路交通安全的薄弱位置,若开口护栏防护能力不足,车辆一旦失控碰撞开口护栏,很可能穿越中央分隔带闯入对向车道,甚至与对向正常行驶车辆发生二次碰撞事故,且此类事故因碰撞车辆相对速度较大,往往易导致群死群伤的恶性后果,死亡率在65%以上,社会影响恶劣。图4-1为高速公路发生的一起大型客车穿越开口护栏与对向另一大型客车相撞,致14人死亡的重特大交通事故,主要原因是中央分隔带开口护栏防护能力不足,可见中央分隔带开口护栏的安全问题十分突出,受到国家相关主管部门的高度重视。

图 4-1　中央分隔带开口处恶性事故

4.1.1　开口护栏功能要求

开口护栏作为中央分隔带安全防护设施的重要组成部分,必须同时具备交通管理和安全防护两方面的使用功能:

(1)交通管理——为方便特种车辆(如交通事故处理车辆、急救车辆)在紧急情况下通行和一侧公路施工封闭时临时开启放行的交通组织需求,中央分隔带开口护栏应能方便开启与关闭、快速灵活移动。

（2）安全防护——在不开启的情况下，中央分隔带开口护栏应具有足够的防护能力，主要体现在三个方面：第一是阻挡功能良好，阻止正常行驶的非紧急车辆在中央分隔带开口处的通行，以及阻挡失控车辆穿越中央分隔带闯入对向车道，避免引发恶性二次碰撞事故；第二是导向功能良好，对碰撞后车辆进行正确导向；第三是缓冲功能良好，发生碰撞时应能保证车内乘员的生命安全。

4.1.2 开口护栏防护等级

高速公路中央分隔带开口护栏防护等级可选范围为三（Am）级~六（SSm）级，如表4-1所示。中央分隔带开口护栏设置时，其防护等级宜与相邻中央分隔带护栏标准段协调一致，在线形良好路段，经论证也可低于相邻路段1~2个等级，但不得低于三（Am）级。

中央分隔带开口护栏的防护等级　　　　　　　　　　　　　　　表4-1

防护等级	三	四	五	六
代码	A	SB	SA	SS
设计防护能量（kJ）	160	280	400	520

4.1.3 开口护栏评价标准

"B05标准"中强制要求中央分隔带开口护栏安全防护性能采用实车足尺碰撞试验进行评价，评价合格后方可应用。同时明确规定了试验检测时中央分隔带开口护栏的碰撞位置、碰撞条件及评价指标。需强调，中央分隔带开口护栏为实现方便开启的功能需求，一般中间位置变形最大，为一安全性能薄弱环节；中央分隔带开口护栏端部与标准段间一般存在外形及刚度变化，易导致车辆碰撞此处时发生绊阻，为另一安全性能薄弱环节。因此，中央分隔带开口护栏碰撞点包括中央分隔带开口护栏中点和沿试验车辆行车方向距离中央分隔带开口护栏终点2m的位置处（图4-2），且按照选取设置的防护等级对应的碰撞条件（表4-2），均需开展6次实车足尺碰撞试验。

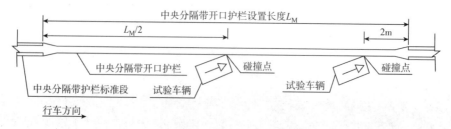

图4-2　中央分隔带开口护栏碰撞点位置

各等级中央分隔带开口护栏碰撞条件　　　　　　　　　　　　　表4-2

防护等级	碰撞位置	碰撞车型	车辆总质量(t)	碰撞速度(km/h)	碰撞角度(°)	试验次数
三级 （Am）	中部	小型客车	1.5	100	20	6次
		中型客车	10	60	20	
		中型货车	10	60	20	
	端部	小型客车	1.5	100	20	
		中型客车	10	60	20	
		中型货车	10	60	20	

续上表

防护等级	碰撞位置	碰撞车型	车辆总质量(t)	碰撞速度(km/h)	碰撞角度(°)	试验次数
四级（SBm）	中部	小型客车	1.5	100	20	6次
		中型客车	10	80	20	
		大型货车	18	60	20	
	端部	小型客车	1.5	100	20	
		中型客车	10	80	20	
		大型货车	18	60	20	
五级（SAm）	中部	小型客车	1.5	100	20	6次
		大型客车	14	80	20	
		大型货车	25	60	20	
	端部	小型客车	1.5	100	20	
		大型客车	14	80	20	
		大型货车	25	60	20	
六级（SSm）	中部	小型客车	1.5	100	20	6次
		大型客车	18	80	20	
		大型货车	33	60	20	
	端部	小型客车	1.5	100	20	
		大型客车	18	80	20	
		大型货车	33	60	20	

4.2 中央分隔带开口护栏使用现状

4.2.1 国外开口护栏使用现状

目前国外高速公路上常用的中央分隔带开口护栏主要包括两种,第一种为美国开发的安全装置门系统(SafeGuard® Gate System),如图4-3a)所示,符合美国护栏评价标准《Manual for Assessing Safety Hardware》要求;第二种为英国开发的SAB安全门系统(SAB Gate),如图4-3b)所示,该系统进行了小型客车和大型客车两种车型的碰撞试验验证,符合欧盟护栏评价标准EN 1317要求。

a) 安全装置门系统(SafeGuard® Gate System)

b) SAB安全门系统(SAB Gate)

图4-3 国外中央分隔带开口护栏

美国和欧盟的道路安全设施处于国际先进水平,上述中央分隔带开口护栏成果在国外高速公路上的使用情况良好,但并不满足我国高速公路交通环境的使用需求,主要体现在两个方面:

(1)评价标准差异。由于国外公路环境、车辆型式、交通流特性等均与我国存在较大差异,美国

《Manual for Assessing Safety Hardware》和欧盟 EN 1317 护栏评价标准中虽给出了碰撞条件、评价指标及评价方法,但与之相比,我国现行"B05 标准"的规定则更为全面与严格,主要区别在于碰撞车型和碰撞点位置的不同,即国外开口护栏安全性能评价过程中,均未同时进行小型客车、中(大)型客车和中(大)型货车三种车型的碰撞,且碰撞位置仅为开口护栏中部,而我国开口护栏安全性能评价过程中,要求同时采用三种车型分别碰撞开口护栏中部和端部两个位置,共 6 种碰撞条件类型,对开口护栏中部结构强度和端部过渡的安全性均进行了检验,因此国外开口护栏成果若直接应用于我国,将存在安全性与合法性的问题。

(2)经济性差。国外中央分隔带开口护栏成果普遍存在结构笨重、用钢量大的问题,初步统计,按 50m 长度计算,开口护栏用钢量均在 10t 以上,成本过高,与我国打造经济型社会的理念相悖,因此国外开口护栏不满足我国交通安全和经济发展水平的需求。

4.2.2 国内开口护栏使用现状

目前我国高速公路上常见的中央分隔带开口护栏形式主要包括插拔式开口护栏、推拉式开口护栏、钢管预应力索式开口护栏和链式混凝土式开口护栏等,如图 4-4 所示。

a)插拔式

b)推拉式

c)钢管预应力索式

d)链式混凝土式

图 4-4 高速公路上常见的中央分隔带开口护栏

分析现有中央分隔带开口护栏特点,发现普遍存在四个方面的问题,分别为开口护栏防护能力不足、端部过渡不合理、开口移动不方便以及无法满足长大中央分隔带开口的安全性能需求,具体如下:

1)防护能力不足

对于插拔式、推拉式、墩栏式及充填式开口护栏来说,仅能够封闭中央分隔带开口,隔离对向车道,但基本无防撞能力,无法防止车辆穿越,且易产生大量飞溅物,为不安全开口护栏结构,导致恶性事故频发;对于钢管预应力索式和链式混凝土式开口护栏来说,具有一定防护能力,按照"F83 标准"开展实车足尺碰撞试验验证,但不满足现行"B05 标准",且实际应用中亦暴露较多安全问题,如预应力索结构受时间和温度影响较大,预应力流失速度很快,若养护过程中未及时检测与更换,安装后不久便达不到成果出厂时的强度要求,防护能力迅速降低,安全性能无法保证。

可见,现有中央分隔带开口护栏结构普遍对车辆的防护能力不足,失控车辆穿越开口护栏闯入对向车道的事故时有发生,对车辆和乘员安全造成严重伤害,使道路中央分隔带开口处存在重大安全隐患。

2)端部过渡不合理

开口护栏与中央分隔带护栏标准段之间一般存在结构及刚度变化,若开口护栏端部结构不能在外形及刚度上做到使开口护栏中间段与标准段护栏合理过渡,易导致车辆碰撞开口护栏端部时发生绊阻,对车辆及乘员形成安全隐患,因此合理的端部过渡处理才能保证开口护栏端部的安全性能。然而现有开口普遍存在端部过渡不合理的问题,有些仅用钢板搭接,实现简单的外形过渡,如图 4-5a)所示,有些甚至不与标准段护栏连接,如图 4-5b)所示。实际应用过程中,失控车辆碰撞端部导致翻车、横转甚至穿越,对乘员造成巨大伤害的恶性事故时有发生,存在重大安全隐患,如图 4-6 所示。

a)简单搭接

b)未连接

图 4-5 开口护栏端部过渡不合理

a)

b)

图 4-6 开口护栏端部过渡不合理致事故频发

3) 开启移动不方便

对于中央分隔带开口护栏来说,应具备良好的快速开启、灵活移动功能,以便于特种车辆(如交通事故处理车辆、急救车辆)在紧急情况下通行和一侧道路施工封闭时临时开启放行。而现有部分中央分隔带开口护栏因结构自重大、操作烦琐或设计不合理等情况,造成开口护栏开启缓慢,甚至无法开启,给交通组织及应急处理带来严重阻碍,如图 4-7 所示。

a)

b)

图 4-7 开口护栏不易开启

4)无法满足长大中央分隔带开口的安全性能需求

我国中央分隔带开口长度一般为25~50m,为了完全封闭开口,中央分隔带开口护栏长度也应为25~50m。由于早期高速公路受交通条件(如交通量小、车道数少等)的影响,中央分隔带开口长度普遍小于40m,导致现有中央分隔带开口护栏的结构长度也小于40m。然而随着交通量与大型车比例的大幅增长,我国高速公路向多车道发展,40~50m的中央分隔带开口长度越来越多,对长大中央分隔带开口护栏需求也越来越大。若为了适应市场需求,未经研究与验证,直接将现有长度小于40m的开口护栏成果直接进行加长设置,将会带来安全隐患,原因是中央分隔带开口护栏长度越大,越容易导致护栏横向变形大,越不易保证对事故车辆的安全防护,因此现有开口护栏已无法保证长大中央分隔带开口的安全防护需求。

综上所述,从高速公路中央分隔带开口护栏使用现状来看,国外开口护栏成果符合国外相应评价标准但不满足我国评价标准,且用钢量大,造价高,无法不满足我国交通安全和经济发展水平的需求;国内开口护栏成果在更新换代的过程中向更高的安全性能方向发展,且随着"B05标准"的颁布实施,现有开口护栏已不满足法规要求,无法在高速公路上继续使用,否则将存在安全责任和法律风险,实际工程设计过程中需慎用。

4.3 中央分隔带开口护栏设置的考虑因素

目前我国对高速公路中央分隔带开口处的安全防护问题十分重视,现行"17规范"和"B05标准"中对中央分隔带开口护栏的设置方式、安全性能及评价指标也提出了强制性、高标准要求。然而面对市场上种类繁多的中央分隔带开口护栏成果,以及性能指标参差不齐的现状,如何保证中央分隔带开口护栏设置的合理性至关重要。下面针对中央分隔带开口护栏的合理设置问题,总结出五点需要重点考虑的因素,包括开口护栏防护等级合理选取、开口护栏安全性能评价报告审查、开口护栏开启移动灵活性、开口护栏与中分带标准段护栏高度协调性、开口护栏防眩板设置方便性。

4.3.1 开口护栏防护等级合理选取

在"17规范"中,对中央分隔带开口护栏防护等级的选取6.4.2条进行了明确规定:"中央分隔带开口护栏防护等级宜与相邻路段保持一致。线形良好路段经论证可低于相邻路段1~2个等级,但高速公路中央分隔带开口护栏不得低于三(Am)级。"。根据规范规定,在实际工程开口护栏设置过程中,防护等级选取应重点考虑以下2点:

(1)根据高速公路中央分隔带标准段护栏防护等级设计情况,中央分隔带开口处建议选取与相邻路段同等级的开口护栏进行设置。即若中央分隔带标准段护栏防护等级为五(SAm)级,则中央分隔带开口护栏防护等级也应设置为五(SAm)级,从而实现中央分隔带安全设施防护能力的协调与统一,避免出现安全薄弱位置。

(2)鉴于开口护栏须兼备防撞与开启的功能,其结构必然区别于中央分隔带标准段护栏,工程造价也更高。为了有效降低工程造价并避免高速公路中央分隔带沿线出现大的交通安全隐患,实际工程护栏设置过程中,应综合考虑设置间距、路线几何线形、行车视距和构造物分布等因素,通过合理论证后,在没有潜在安全隐患的路段,中央分隔带开口护栏设置防护等级可低于相邻中央分隔带标准段护栏1~2个等级,但最低不得小于三(Am)级;相反,在连续长大下坡、山区小半径曲线较多、桥隧相连等危险程度较高的路段,中央分隔带开口护栏设置防护等级应与相邻路段保持一致,不得进行降级设置。

4.3.2 开口护栏安全性能评价报告审查

"17规范"要求中央分隔带开口护栏的防护等级及性能,应满足现行"B05标准"的规定。对于现行"B05标准"来说,为评价开口护栏安全性能的基础类、强制性标准,统一规定了开口护栏安全性能评价标准和检测方法,且强制要求开口护栏采用实车足尺碰撞试验进行评价,评价指标合格后,取得开口护栏安全性能评价报告,该评价报告为判定开口护栏安全合法应用的重要依据。

目前市场上中央分隔带开口护栏种类繁多,而实际工程高速公路中央分隔带设置情况也较为多样,为了更全面的保证应用路段的运营安全,应从规范符合性与工程适用性角度对开口护栏安全性能评价报告进行合理审查,具体审查要点总结为以下3点。

1) 开口护栏长度适用性

"17规范"要求中央分隔带开口护栏设置长度应能有效封闭中央分隔带开口,实际工程中,中央分隔带开口长度可选区间一般为25~50m,不同路段开口设置长度存在差异,而每种开口护栏安全性能评价报告中所用的试验护栏长度也有所相同,因此在审查安全性能评价报告时,应首先审查试验用开口护栏长度是否满足实际工程中央分隔带开口处的安全使用需求。

由于中央分隔带开口护栏长度越大,越容易导致护栏横向变形大,越不易保证对事故车辆的安全防护,故从安全角度出发,审查时应遵循"覆盖式"原则,安全性能评价报告中所用试验护栏长度不得小于实际工程中央分隔带开口长度。例如,实际工程中,中央分隔带开口长度为40m,则安全性能评价报告中试验用开口护栏长度为40m和50m的成果均可应用,30m长试验用开口护栏成果则不可应用,即便加长至40m也无法应用,存在安全隐患。

2) 开口护栏安全防护性能可靠性

"B05标准"中规定按照试验护栏相应防护等级各种试验碰撞条件进行实车足尺碰撞试验的结果,必须同时满足阻挡功能、缓冲功能和导向功能所对应的评价指标要求,方可认定该试验护栏达到相应的防护等级,安全性能可靠。其中严格要求试验检测过程中,碰撞车型必须包括小型客车、中(大)型客车、中(大)型货车共3种,碰撞位置必须包括中央分隔带开口护栏中点和沿试验车辆行车方向距离中央分隔带开口护栏终点2m的位置共2处,总计须完成6次实车足尺碰撞试验,且各项指标均满足评价标准要求后,才说明开口护栏安全防护性能可靠,为合格的开口护栏。

因此,在审查开口护栏安全性能评价报告时,要求报告中明确有进行3种车型、2个碰撞位置的6次实车足尺碰撞试验,且评价指标合格,方是合乎标准、完整有效的开口护栏安全性能评价报告。

3) 开口护栏与中分带标准段护栏过渡安全性

为了避免事故车辆碰撞开口护栏端部时发生绊阻现象而对车内乘员造成伤害,"17规范"要求中央分隔带开口护栏应与相邻中央分隔带护栏能合理过渡。同时《公路交通安全设施设计细则》(JTG/T D81—2017)还明确规定:"在选取中央分隔带开口护栏形式时,其实车足尺碰撞试验时所连接的中央分隔带护栏标准段宽度不能小于实际工程相邻中央分隔带护栏标准段宽度。"该条规定完全契合了实际工程应用的安全需求,且对开口护栏端部过渡结构亦提出了高标准要求。

因此,在审查开口护栏安全性能评价报告时,不仅需要明确车辆碰撞开口护栏端部的安全性能,还应要求提供其他相关资料来证明试验用开口护栏两端设有规定长度的标准段护栏,且标准段护栏宽度大于或等于实际工程相邻中央分隔带标准段护栏宽度,满足实际工程中开口护栏过渡段的安全性需要。图4-8为开口护栏端部合理过渡的设计实例。

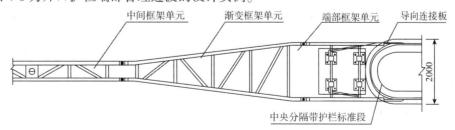

图4-8 开口护栏端部合理过渡设计示例(尺寸单位:mm)

反之，由于目前高速公路中央分隔带宽度一般为2m，最小为1.5m，若试验用开口护栏两端搭接的标准段护栏宽度小于常规中央分隔带标准段护栏宽度如图4-9a)所示。实际应用中采用简单的宽度衔接设计如图4-9b)所示，虽然试验时无须特殊设计开口护栏过渡段，且更利于试验通过，但却难以保证实际工程应用的开口护栏过渡结构的安全性能，即使做了试验也无法证明该护栏形式不会对车辆产生绊阻及对驾乘人员造成严重损害，存在安全隐患，且有悖规范要求，存在安全责任和法律风险。

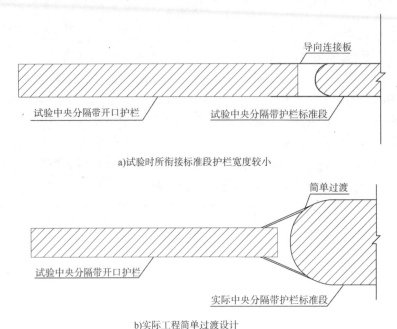

图4-9 开口护栏端部过渡不合理的设计示例（示意）

4.3.3 开口护栏开启移动灵活性

对于中央分隔带开口护栏来说，紧急情况下的交通组织功能十分重要，"17规范"要求中央分隔带开口护栏在临时开放时要方便开启与关闭，具有可移动性，且建议10min内开启至少10m。因此开口护栏选取设置时，应要求提供影像与数据资料来证明开口护栏的开启移动的灵活性及方便性，且考虑到不同的开口护栏结构形式，对应的开启移动难易度及作业效率也不同。实际工程中，高速公路所属管理部门应根据时间要求、匹配人员数量及技术水平情况，设置符合需求的中央分隔带开口护栏，以便更好地应对紧急情况。

4.3.4 开口护栏与中分带标准段护栏高度协调性

由于中央分隔带开口护栏是公路交通管理设施的一部分，它必须与公路主体和其他交通工程设施互相协调才能完全发挥交通工程设施的功能，因此为保证中央分隔带护栏的视线诱导功能的连续、顺畅，"17规范"要求中央分隔带开口护栏的高度应与中央分隔带护栏的高度协调一致。

目前高速公路中央分隔带标准段普遍采用三(Am)级波形梁护栏或五(SAm)级混凝土护栏，护栏高度多为1m左右，故建议设置的开口护栏高度也应选择1m左右，上下容许差值为10cm，以良好实现中央分隔带安全设施的整体协调与统一。

4.3.5 开口护栏防眩板设置方便性

"17规范"规定，当中央分隔带开口所处的路段有防眩要求的时候，宜在中央分隔带开口护栏上设置防眩设施。与标准段护栏相比，中央分隔带开口护栏构件形式、结构尺寸及设置间距更为多样化,而防眩板的布置角度、间距等均有标准要求,因此设置开口护栏时,也应考虑防眩板的使用需求与方便性。

综上所述,高速公路中央分隔带开口护栏设置时,重点考虑开口护栏防护等级合理选取、安全性能评价报告审查、开启移动灵活性、与中分带标准段护栏高度协调性及防眩板设置方便性五方面的因素,便可保证中央分隔带开口护栏设置的合理性。

4.4 中央分隔带开口护栏参考形式

目前高速公路上普遍应用的中央分隔带标准段护栏形式为三(Am)级波形梁护栏和五(SAm)级混凝土护栏,遵循防护等级的协调一致性,中央分隔带开口护栏的防护等级亦以三(Am)级和五(SAm)级两种等级需求最广。因此下面介绍两种新开发的三(Am)级和五(SAm)级中央分隔带开口护栏成果,在满足现行标准规范规定防护能力的基础上,可实现"移动灵活、开启方便"的功能。

4.4.1 新型三(Am)级中央分隔带开口护栏

1)结构形式

新型三(Am)级中央分隔带开口护栏采用框架式基本结构,高度为1000mm,宽度为600mm,由中间框架单元、渐变框架单元和端部框架单元三部分组成,其中各框架单元均由横向框架、竖向支架和连接结构三部分组合而成。上、中、下层横向框架和竖向支架由Q235材质的矩形钢管焊接而成,框架单元间通过防盗连接销连接,每节框架单元底部设有万向轮,端部通过导向连接板与中央分隔带护栏标准段进行无缝连接。新型三(Am)级中央分隔带开口护栏的结构如图4-10所示。

图4-10 新型三(Am)级中央分隔带开口护栏

2)碰撞试验

新型三(Am)级中央分隔带开口护栏按照"B05标准"规定的三级开口护栏碰撞试验条件,分别开展了6次实车足尺碰撞试验(图4-11),结果表明:开口护栏对1.5t小型客车具有良好的缓冲和导向作用,对10t中型客车和10t中型货车具有良好的阻挡和导向作用,碰撞后车辆能够保持正常行驶姿态,未出现横转或掉头等现象,乘员碰撞速度最大值为7.8m/s(<12m/s),乘员碰撞后加速度最大值为75.1m/s^2(<200m/s^2),均符合规范要求。

3)新型三(Am)级中央分隔带开口护栏特点

(1)安全防护性能可靠

按照"B05标准"进行了1.5t小型客车、10t中型客车、10t中型货车三种车型、中部及端部两种碰撞位置、共6次实车足尺碰撞试验,达到了标准规定的三(Am)级防护等级,并取得6次试验均合格的安全性能评价报告,安全防护性能可靠。

  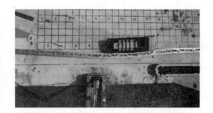

a) 三种车型碰撞开口护栏中部试验

b) 三种车型碰撞开口护栏端部试验

图 4-11　实车足尺碰撞试验结果

（2）适用于各种中央分隔带开口长度

由于规范规定最大中央分隔带开口长度为 50m，本开口护栏试验用长度为 50m，且经验证具备良好的防护能力，因此依据"覆盖式"原则，本开口护栏可通过调节框架单元数量和长度，满足各种中央分隔带开口长度的使用需求，且安全性能可靠。

（3）可与宽度 2m 以内的各类中央分隔带标准段护栏平顺过渡

本开口护栏通过宽度逐渐过渡的渐变框架单元、宽度和刚度可调节的端部框架单元以及分区间平面结构的连接导向板设计，形成了整体连接过渡体系。试验时采用的标准段护栏为 2m 宽混凝土护栏，经验证可实现刚度和宽度的合理过渡，因此本开口护栏整体满足中央分隔带标准段护栏宽度 2m 以内的结构安全合理过渡要求。图 4-12 为针对中央分隔带分离式混凝土护栏和分设式三波梁护栏设计的合理过渡方式。

a) 与混凝土护栏过渡　　　　　　　　　　　　　　b) 与波形梁护栏过渡

图 4-12　中央分隔带开口护栏端部过渡合理设计

（4）开启移动灵活方便，不占用开口长度

本开口护栏中间框架单元、渐变框架单元、端部框架单元均为拴接，可拆装，开启方便（图 4-17）；底部设有万向轮，便于各拆解后各单元移动；同时护栏端部框架采用可活动柱脚，可实现人工灵活移动，且与直接埋入式柱脚相比，不占用开口长度，提升开口长度利用率。

（5）与中分带标准段护栏高度协调统一

本开口护栏的整体高度为 1000mm，目前高速公路中央分隔带标准段普遍采用的三波梁护栏高为 950mm，混凝土护栏高为 1000~1100mm，开口护栏与标准段护栏高度相差 10cm 以内，具有较好的高度协调一致性,适应规范规定。

(6)防眩板设置方便

本开口护栏在框架上通长设置了防眩板连接构件(图4-13),保证了防眩板具有纵向间距可调节功能,满足规范规定防眩板设置间距要求,适应规范规定。

图4-13 开口护栏防眩板设置

4.4.2 新型五(SAm)级中央分隔带开口护栏

1)结构形式

新型五(SAm)级中央分隔带开口护栏采用组合式波形梁基本结构形式,高度为1100mm,由中间框架单元、次端部框架单元、端部框架单元、立柱、预埋套管、拼接构件和锚固构件等组成,其中各框架单元均由三波板、摩擦梁和支架三部分组合而成,框架单元之间采用螺栓拼接形成整体,每节框架单元底部设有万向轮,端部与中央分隔带护栏标准段实现无缝连接。新型五(SAm)级中央分隔带开口护栏的结构如图4-14所示。

图4-14 新型五(SAm)级中央分隔带开口护栏

2)碰撞试验

新型五(SAm)级中央分隔带开口护栏按照"B05标准"规定的五级开口护栏碰撞试验条件,分别开展了6次实车足尺碰撞试验(图4-15),结果表明:开口护栏对1.5t小型客车具有良好的缓冲和导向作用,对14t大型客车和25t大型货车具有良好的阻挡和导向作用,碰撞后车辆能够保持正常行驶姿态,未出现横转或掉头等现象,乘员碰撞速度最大值为6.6m/s(<12m/s),乘员碰撞后加速度最大值为143.6m/s^2(<200m/s^2),均符合规范要求。

3)新型三(Am)级中央分隔带开口护栏特点

(1)安全防护性能可靠

按照"B05标准"进行了1.5t小型客车、14t大型客车、25t大型货车三种车型、中部及端部两种碰撞位置、共6次实车足尺碰撞试验,本组合式波形梁开口护栏的阻挡功能、导向功能和缓冲功能良好,达到了标准规定的五(SAm)级防护等级,并取得6次试验均合格的安全性能评价报告,安全防护性能可靠。

a) 三种车型碰撞开口护栏中部试验

b) 三种车型碰撞开口护栏端部试验

图 4-15 实车足尺碰撞试验结果

(2) 适用于各种中央分隔带开口长度

本开口护栏试验用长度为 50m，依据"覆盖式"原则，本开口护栏可通过调节框架单元数量和长度，满足各种中央分隔带开口长度的使用需求，且安全性能可靠。

(3) 可与各类中央分隔带标准段护栏合理过渡

本开口护栏端部设计了合理过渡结构，主要由波形梁过渡板、加强立柱、摩擦梁和导向端头组成，其可与混凝土护栏、波形梁护栏、梁柱式型钢护栏等各种类型的中央分隔带标准段护栏平顺过渡，实现对小型车和大型车的有效防护与顺利导向。图 4-16 为本开口护栏与中央分隔带整体混凝土护栏标准段过渡设计。

图 4-16 中央分隔带开口护栏端部过渡合理设计

(4) 开启移动灵活方便、不占用开口长度

本开口护栏各框架单元节段均为拴接，可拆装，开启方便；底部设有万向轮便于各拆解后各单元灵活移动。

(5) 与中分带标准段护栏高度协调统一

本开口护栏的整体高度为 1100m，因其防护等级为五(SAm)级，故中央分隔带标准段护栏防护等级应在五级以上，为高防护等级护栏，而目前高速公路上中央分隔带混凝土护栏应用较为广泛的是混凝土护栏，高度一般为 1000~1100mm，可见开口护栏与标准段护栏高度相差 10cm 以内，具有较好的高度协调一致性，适应了规范规定。

(6)防眩板设置方便

本开口护栏在框架上通长设置了防眩板连接构件,保证了防眩板具有纵向间距可调节功能,以满足规范规定防眩板设置间距要求,且适应了规范规定。

(7)维护方便

本开口护栏主要组件均采用波形梁护栏通用构件或国际通用标准构件,有效降低了工程造价和维修养护成本。

4.5 小结

本章从客观角度对现有中央分隔带开口护栏使用的现状进行了阐述,并从管理者角度出发,以契合现行标准规范、保障公路运营安全及匹配实际工程需求为目标,对中央分隔带开口护栏设置过程中需要重点考虑的因素进行了较为详细的论述,便于高速公路管理者更高效、合理的完善中央分隔带开口处的安全设施。同时通过对市场上现有大量开口护栏进行比选,最终优选出两种较为成熟的开口护栏技术成果,进行了基本介绍,为实际工程开口护栏设置提供了可选资源。

第5章 护栏端部

5.1 概述

当车辆碰撞到未经安全处理的护栏端部或路侧固定障碍物时,由于碰撞过程中车速突然从较高的行驶速度降低为零,产生的动能会对车辆和乘客造成严重的伤害,造成严重的后果。另外,未经特殊处理的波形梁护栏端部可能刺入车辆,或者导致车辆翻车,进而对车辆和驾乘人员构成严重的威胁。如果对护栏端部进行特殊安全设计,采用具备安全吸能的防撞设施,则可以减轻车辆碰撞时所产生的动能,并可以增强护栏的导向作用,从而使车辆安全返回行车道内。

早期的"94规范"和"06规范"均对护栏端部提出了安全处理的要求。对于护栏上游端头(迎交通流方向),两版规范均推荐采用外展圆头式端头和地锚式端头("06规范"还要求外展);对于护栏下游端头(顺交通流方向),则均推荐采用圆头式端头。对于公路三角地带护栏的端部,"94规范"和"06规范"均要求采用圆形端头形式。然而,不论是"94规范"还是"06规范",虽然都对护栏端头提出了安全处理的原则性要求,但对上游端头经安全处理后应该达到什么样的安全性能目标并未提出明确要求,造成公路工程中大部分的护栏端部处理较为简易,发生了较多的车辆碰撞护栏端部而致人伤亡的交通事故,护栏端部安全问题凸出。

随着护栏端部安全处治技术的不断改进与完善,"17规范"对上游端头提出了明确的防撞能力要求,并在"B05标准"中细化了端头设施防撞能力的等级划分、防护条件、试验方法和性能标准等,为护栏端部的安全处治建立了一套完整的技术标准体系。同时,在不断研究与技术进步的过程中,也取得了一系列的护栏端部安全处治技术或装备研究成果,为工程应用提供了经验参考。

鉴于护栏上游端头、分流三角端均为迎交通流,车辆失控后正面碰撞端头的可能性大,安全风险程度高,本章主要针对护栏上游端头、分流三角端的安全风险问题、安全处治方式等进行阐述。

5.2 防撞端头

5.2.1 现状及问题

对于护栏上游端头,由于其上游没有护栏结构段,导致护栏端部直接迎向交通流方向,若不进行安全处理或安全处理简单,车辆失控时容易直接碰撞危险端头,导致重大人员伤亡,图5-1所示为我国公路护栏起点端头的两种典型事故形态。

图5-1a)所示为车辆碰撞波形梁护栏圆头式端头的事故,护栏板在车辆碰撞端头的过程中插入车体内,对乘员造成致命伤害。从公路设施方面来看[图5-2a)],其原因主要有两个方面:一是护栏端头直立迎向交通流,使车辆可以直接碰撞到端部位置;二是设置于护栏端部的圆形端头板刚度小,在碰撞中因容易变形而不能保持其圆形形状,也就不能起到增大碰撞接触面积的防护作用,使波形梁板端部在高速碰撞中成为锋利的"尖刀"刺穿车体。

图5-1b)所示为车辆碰撞波形梁护栏地锚式起点端头的事故,车辆沿端部地锚护栏板爬升后翻出

路外,乘员安全风险非常高。从端头结构来看[图 5-2b)],地锚端头正面迎向交通流,且端头护栏板作斜坡处理,使车辆可以直接沿斜坡冲上并骑跨护栏,导致翻车或翻出路外。

a)　　　　　　　　　　　　　　　　　　b)

图 5-1　护栏上游端头典型事故

a)　　　　　　　　　　　　　　　　　　b)

图 5-2　易导致护栏板插入车体的护栏起点端头

5.2.2　设置考虑因素

为了解决现状护栏上游端头的安全问题,避免车辆碰撞护栏端头时发生护栏板插入车体、车辆翻出路外等恶性事故形态,在进行护栏上游端头设置时,可以从以下几个方向进行考虑。

1)避免护栏端部迎向交通流

护栏上游端头之所以成为危险的端头,主要是由于其端部位置位于公路计算安全净区范围内,使得端部迎向交通流方向,车辆正面撞击端部的风险增加。因此,要避免这类事故的发生,可将护栏端头的端部位置外展至计算安全净区范围之外,以消除车辆直接碰撞护栏端部的风险。

2)护栏端头的纵向缓冲吸能

当路侧没有空间条件实施护栏端头外展时,就要同时考虑两点:一是设置断面面积大、刚度与强度高的端部构件,以增加护栏端部与车体接触面积,防止护栏板的尖锐端部插入车体;另一个则是削弱护栏端头立柱的纵向刚度,使其能够对碰撞车辆进行缓冲吸能,防止车辆碰撞立柱时对车内乘员造成冲击伤害。

3)端部锚固强度

为保证与护栏端头相邻的标准段护栏结构段的防护能力,需要护栏端头为标准段护栏的波形板横梁提供足够强的锚固,否则将严重影响其结构刚度,降低防护能力。

5.2.3 安全处治方式

1) 外展处理方式

图 5-3 为采用外展与锚固方式处理的护栏上游端头形式,该形式是相对简单的一种处理方式,其主要目的就是解决车辆在碰撞护栏端部过程中被护栏板插入车体的安全问题。在具体设置上,结构段自路侧边坡位置渐变至土路肩内标准段护栏位置后相互连接,渐变段内立柱加密设置,护栏板端部锚入边坡土体内。

a)

b)

图 5-3 外展锚固的护栏端头处理方式

该护栏上游端头处理方式中的护栏板端部锚入边坡土体内,解决了护栏端部迎向交通流的安全问题,避免了车辆失控后碰撞护栏端部与护栏板插入车体的安全风险。同时,渐变段内通过加密立柱的方式,为标准段护栏提供了足够的锚固强度,以保障标准段护栏结构段的正常防护功能。

2) 缓冲处理方式

图 5-4 是一种小型客车正碰防护速度达到 100km/h 的吸能式护栏端头结构形式。这种护栏端头通过特殊的结构设计,不仅能够对车辆正碰护栏端头时提供良好的缓冲吸能作用,有效避免护栏板插入车体的安全风险,也能为侧碰护栏的车辆提供足够的锚固强度,因此可以直接设置于土路肩内。

图 5-4 吸能式护栏起点端头

该吸能式护栏端头主要由三个基本结构段构成:端部、缓冲段和加强段。端部则仅设置一个卷板器,缓冲段则由纵向可溃立柱、波形板和斜拉索组成,加强段则由立柱、波形板和斜拉索组成,如图5-5所示。车辆正面碰撞护栏端头时,将卷板器向下游方向推移,卷板器推倒解体立柱、挤压波形板并将其导出至护栏后部,实现缓冲吸能和防止护栏板插入车体的功能。以下简要介绍各结构段中各构件的设计思路。

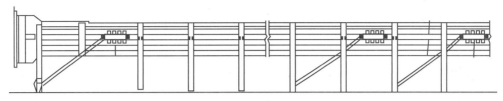

图 5-5 波形梁护栏端头的结构示意图

(1) 端部卷板器

卷板器为中空槽形结构,外套于端部护栏板上;端部用钢板封闭,内部设弧形导向通道,如图 5-6 所示。车辆碰撞端部卷板器时,卷板器被推送向前滑移,将波形板压平并使波形板沿弧形导向通道被导出,实现吸能作用。波形板被压平后刚度大大降低,且被向护栏后侧导出,可以有效地避免护栏板插入碰撞车辆车体的风险。

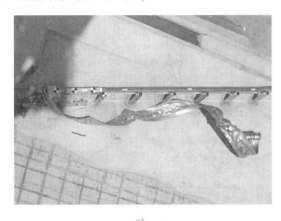
a)

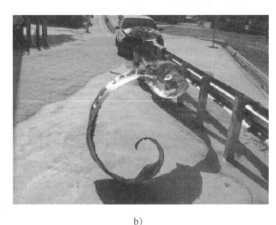
b)

图 5-6 吸能式上游端头

(2) 缓冲段结构

缓冲段主要为缓冲吸能的结构段,是卷板器的设计工作区间。若该区间内的立柱均采用常规的整体立柱形式,将阻碍卷板器的移动,并对车辆产生正面绊阻,影响端头的缓冲功能,因此缓冲段的立柱在纵向方向上均设计为可倒伏的解体结构(图 5-7)。另外,由于车辆碰撞时,护栏板容易被向上顶起,因此在端部位置设置钢索装置,以约束护栏板的翘起,但在碰撞时又能被卷板器削落以不影响卷板器的移动。

a)

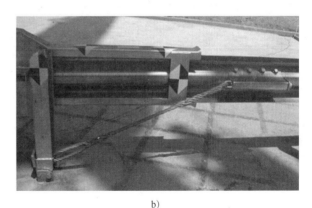
b)

图 5-7 可倒伏立柱及钢索装置

(3) 加强段结构

加强段结构主要用于为护栏标准段提供端部锚固作用,因此其立柱除了采用常规的整体立柱形式外,还进行了间距加密处理。同时,为控制锚固段的长度,在加强段结构段内又增设了两道钢索约束装置,使护栏板的纵向力能传递至立柱基础承担。

5.3 防撞垫

5.3.1 现状及问题

对于分流三角端,因其迎交通流的设置方式,导致车辆失控时容易碰撞,若安全处理不当发生碰撞事故时将会造成较大的人员伤亡;在实际工程中,相关交通安全事故时有发生,如图5-8所示。

a)

b)

图5-8 分流三角端交通事故

从事故形态来看,碰撞分流三角端的事故主要表现车辆高速碰撞刚性障碍物(护栏和标志立柱等),对乘员造成冲击伤害,甚至发生护栏板插入车体的情况,对乘员的危害程度更大。从设施层面来看,造成这类事故的主要原因,或是分流三角端没有进行缓冲防护,如图5-9a)所示为在三角端前端未设置任何缓冲防护设施,车辆一旦失控就会高速碰撞端头;或者是采取的缓冲防护措施效果不佳,如图5-9b)所示即为设置填砂防撞桶的缓冲设施进行防护,但防撞桶在碰撞过程中很容易撞碎,基本无防撞能力,车辆依然会以高速碰撞端部障碍物。

a)

b)

图5-9 防护不当的分流三角端

5.3.2 设置考虑因素

分流三角端位置的事故形态表明,分流三角端碰撞事故易造成人员伤亡的主要原因是车辆直接碰撞三角端,碰撞的冲击强度高。对此,应采取以下措施对分流三角端头进行安全处治:

1)阻止车辆直接碰撞三角端

分流三角端为主线路侧护栏与出口匝道左侧护栏交汇形成的三角端,或是波形梁端头形式,或是混凝土护栏端头形式,且三角端背后往往设置有标志立柱。不管是三角端还是其背后的标志立柱,均属于刚度较大的危险障碍物,车辆碰撞时的安全风险程度较高。消除车辆碰撞分流三角端头的安全风险,可采取削弱三角端及其背后标志立柱的刚度,或阻止车辆碰撞端头。但考虑到削弱三角端及其背后立柱的刚度会对相应设施其他方面的功能造成较大影响,该方式在实际工程中的实施难度大,而通过在三角端前设置相关设施以阻止车辆碰撞三角端的方式相对来说更容易实现。

2)降低车辆碰撞的冲击强度

车辆低速条件下碰撞的冲击强度低,对乘员的冲击伤害程度也小。若能够在碰撞三角端之前将车辆的速度降低至很低的程度,那么因碰撞造成的伤亡程度也就不大。但高速公路主线分流三角区路段车辆的运行速度一般都较高,通过对车辆失控前的速度进行控制则很难实现,因此,可以考虑在三角端前设置缓冲设施,对失控后的车辆进行缓冲吸能,降低碰撞的冲击强度。

3)三角端防护的连续性

要解决车辆碰撞三角端的安全风险,就应该将三角区作为整个防护体系,三角端的防护措施应与三角区护栏形成连续的整体,以保证防护的连续性,避免防护漏洞的形成。

5.3.3 安全处治方式

通常情况下,针对分流三角端的安全风险问题,较为有效、简便的一种处理方式是在分流三角端头前设置缓冲设施。目前,分流三角端防护较为可靠的缓冲设施为防撞垫,包括可导向防撞垫和非导向防撞垫两种类型,如图 5-10 所示。不管是可导向防撞垫还是非导向防撞垫,对碰撞车辆进行缓冲吸能并使其在端头前停车是它们的主要功能,但相比于非导向防撞垫,可导向防撞垫还能在车辆侧面碰撞时提供阻挡和导向功能,防护功能相对更为完善,是实际工程中分流三角端防护使用最多的方式。

a)可导向防撞垫　　　　　　　　　　b)非导向防撞垫

图 5-10　分流三角端防护措施

鉴于不同分流三角端的实际条件存在差异,且不同缓冲设施之间的安性能水平也存在差异,因此,分流三角端头安全处治所采用防撞垫本身的安全性能及其设置是否合理,将直接影响到分流三角端安全防护的可靠性。

1)防护性能等级选择

现行标准规范对防撞垫的防护等级划分为一(TB)、二(TA)、三(TS)级三级,各等级对应的防护速度和适用条件如表 5-1 所示。同时,现行标准规范还要求对各等级防撞垫应采用小型客车按相应防护速度条件至少进行正碰、偏碰、斜碰、正向侧碰的四次实车足尺碰撞试验,以检测其安全性能的有效性,对设置于无中央分隔带公路的分流三角端头前的防撞垫,还应进行反向侧碰的实车足尺碰撞试验,验证车辆反向碰撞时的安全性(表 5-1)。

图 5-10b)所展示的是一种防护等级达到三(TS)级的可导向防撞垫,防护速度为 100km/h,安全性能的检测进行了正碰、偏碰、斜碰、正向侧碰和反向侧碰五次实车足尺碰撞试验,试验结果均满足"B05标准"对防撞垫安全性能的要求。

防撞垫防护等级及适用条件　　　　表 5-1

设计速度(km/h)	设计防护速度(km/h)	防护等级	不同设置条件下,对安全性能检测的碰撞试验类型及次数要求	
			设有中央分隔带及防撞设施的双向通行公路的分流三角端	1.合流三角端; 2.未设中央分隔带及防撞设施的双向通行公路的分流三角端
120	100	三(TS)	4 次:正碰、偏碰、斜碰、正向侧碰	5 次:正碰、偏碰、斜碰、正向侧碰、反向侧碰
100	80	二(TA)		
80	60	一(TB)		

2)型式选择及布设

公路上分流三角端的几何宽度多样,对于宽度较小的分流三角端,设置常规可导向防撞垫(纵向等宽且宽度一般小于 1m)时,基本能够做到对三角端的覆盖防护;但对于宽度较大的三角端,由于其宽度大于常规可导向防撞垫的宽度,导致常规可导向防撞垫不能对其实现完全覆盖防护,三角端的安全风险依然存在。针对这种情况,我们可以采取三种方式进行处理。

(1)调整三角端宽度

将宽度较大的三角端向上游方向延伸设置,并由较大的宽度渐变至与常规可导向防撞垫宽度一致或以下的宽度,这样再设置常规可导向防撞垫就能实现对三角端头的覆盖防护(图 5-11)。但是,这种方式受公路空间条件的限制较大,实施有一定的难度。

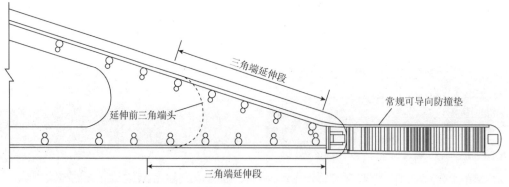

图 5-11　防撞垫选型与布设处理方式(一)

(2)设置大宽度可导向防撞垫

当没有条件对分流三角端宽度进行渐变缩小时,就必须从调整可导向防撞垫宽度的角度去考虑。但受三角区空间的限制,可导向防撞垫不具备全长范围的加宽条件,因此,宽度较大的分流三角端可考虑采用宽度渐变的三角形可导向防撞垫(或称扇形可导向防撞垫)型式,其布置如图 5-12 所示。对于这种宽度渐变的扇形可导向防撞垫,目前从计算机仿真分析的层面论证了其达到各安全性能等级水平的可行性,在实际工程中应用,需采用实车足尺碰撞试验对其安全性能进行验证。

(3)常规可导向防撞垫组合设置

在较宽的分流三角端没有条件进行缩窄渐变时,除了采用扇形防撞垫的处理方式之外,还可考虑采用多个常规可导向防撞垫组合设置的方式来处理,如图 5-13 所示。但采用这种处理方式时,还需要进一步论证车辆同时正面碰撞两个相邻防撞垫(碰撞相邻防撞垫之间的位置)时的安全性。

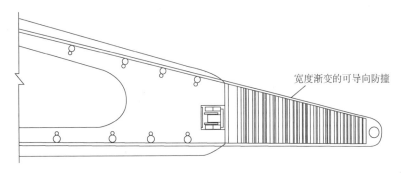

图 5-12　防撞垫选型与布设处理方式(二)

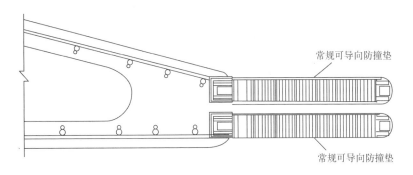

图 5-13　防撞垫选型与布设处理方式(三)

3)与三角端护栏的衔接

由于可导向防撞垫与分流三角端的护栏为相互独立的设施,若相互之间不进行有效、可靠的连接,防撞垫与护栏之间的间隙有可能成为新的事故隐患点。因此,在设置防撞垫时,必须处理好可导向防撞垫与三角端护栏的连接过渡问题,如图 5-14 所示。

图 5-14　可导向防撞垫与三角端护栏过渡连接

5.4　小结

本章针对护栏起讫端部和护栏三角端的事故特点和安全问题,总结了护栏起点端部和分流三角端安全设置需要考虑的关键因素,并结合相关研究成果和应用经验,介绍了护栏起点端和分流三角端的安全处治方式,可以为实际工程中护栏起点端、分流三角端的安全设计与处治提供经验参考,是解决现阶段公路护栏起点端和分流三角端安全问题的基础保障。

针对护栏起点端部和分流三角端安全防护的设施产品,国内的研究成果相对较少,形式相对单一,尚不能满足实际工程中不同条件下的应用需求。对于公路运营管理人员和研究开发人员来说,针对护栏端部防护设施产品或技术装备的研究工作还需继续深入与拓展,以推动公路安全防护技术的进步,建立完善的安全防护技术与装备体系,为全面解决我国公路护栏端部的安全问题、提高公路整体安全水平创造有利条件。

第6章　护栏过渡段

6.1　概述

护栏过渡段是设置于两种不同结构形式或不同防护等级的公路护栏之间、连接平顺、结构刚度平稳过渡的公路护栏结构段。

公路(桥梁)护栏的设置形式主要有波形梁护栏、混凝土护栏、梁柱式型钢护栏和组合式护栏等四种，这四种护栏不仅形式上不同，在结构刚度上也存在较大差异，相比较而言，混凝土护栏的结构刚度最大，其次是组合式护栏和梁柱式型钢护栏，波形梁护栏的结构刚度最低。由于公路路段条件和防护需求的不同，需要设置不同形式的护栏，那么，要保证两种不同形式护栏之间防护的连续性，就需要将相邻的两种不同形式护栏进行连接，否则将会造成防护体系缺口，形成防护漏洞。另外，不同结构形式的护栏之间，还存在刚度上的差异，如果二者之间进行简单的连接处理，同样会造成安全隐患，如事故车辆自刚度小的护栏向刚度大的护栏方向碰撞时，将会因为刚度小的护栏发生较大变形而直接碰撞刚度大(变形很小)的护栏端部，对车内乘员造成冲击伤害，甚至导致护栏构件插入车体的恶性事故。

对于两种不同结构形式或不同防护等级的公路护栏之间的过渡连接处理，我国早在"94规范"中就提出了要求并推荐了处理方式，如波形梁护栏与钢筋混凝土护栏的过渡连接处理、波形梁护栏与金属梁柱式桥梁护栏的过渡连接处理，其过渡处理方式主要是引自美国《路侧护栏与桥梁护栏过渡段设计》推荐的形式。但规范仅是推荐了一种过渡连接的参考方式，而并未明确给出过渡连接的详细结构参数。

在"06规范"中同样要求当桥梁护栏与路基护栏的结构形式不同时，应进行过渡段设计，并推荐了波形梁护栏与混凝土护栏的过渡连接、波形梁护栏与金属梁柱式护栏的过渡连接、波形梁护栏与隧道洞壁的过渡处理方式等。但仍然没有对过渡连接结构应该达到的防护能力指标提出明确要求。

从前两版规范来看，虽然都要求不同形式护栏之间应进行过渡段设计，并推荐了参考处理形式，但均未明确过渡段结构的设计防护能力指标要求。但是，过渡段作为两种护栏之间的连接结构，它是公路护栏的一个结构段，是防护体系中的一个重要组成部分，需要具备与护栏相同的防护功能和安全性能。

随着我国护栏设施研究技术成果的日趋成熟与完善，"17规范"明确提出，不同防护等级或不同结构形式的护栏之间连接时，应进行过渡段设计，护栏过渡段的防护等级应不低于所连接护栏中较低的防护等级。同时，在现行"B05标准"中，进一步对护栏过渡段的防护等级与碰撞能量、防护条件、试验力法和安全性能指标要求等进行了统一要求。至此，我国也基本建立了护栏过渡段设计、开发、试验和应用的一套完整体系，为解决以往过渡段设计与应用当中存在的安全问题、提升公路整体安全水平提供了基础保障。

6.2　过渡段现状及问题

由于早期的"94规范"没有对护栏过渡段的防撞能力提出明确要求，也没有提供详细的护栏过渡处理结构，因此，我国早期设计与建设的大部分高速公路中，不同形式或不同刚度的相邻护栏之间过渡连接处理均较为简易，形成了较大的安全隐患，在护栏衔接过渡位置也发生过较多的重大交通安全事故，造成了较多的人员伤亡与经济损失。根据交通事故统计分析，碰撞护栏过渡段的交通事故形态主要表现为以下两种类型。

（1）一类是事故车辆冲断护栏过渡段后冲出路外（图6-1），这种事故的发生多以大型车辆为主；大型车辆的质量大，碰撞能量高，对过渡段的结构强度要求高。

a)　　　　　　　　　　　　　　　　　　b)

图6-1　车辆碰撞过渡段后冲出路外的交通事故

（2）另外一类则是事故车辆碰撞过渡段后因过渡段的大变形导致车辆绊阻，这类事故多以小客车为主（图6-2）；小客车的质量轻，运行速度高，对碰撞接触面内刚性构件的绊阻较为敏感。

a)　　　　　　　　　　　　　　　　　　b)

图6-2　车辆碰撞过渡段后绊阻的交通事故

从过渡段设施层面来看，车辆碰撞过渡段后发生这两类事故形态的主要原因是护栏衔接过渡结构的安全处理不当，这是早期设计与建设的高速公路普遍存在的问题。总体来看，易造成以上两类交通事故发生、安全处理不当的护栏衔接过渡情况包括：

（1）相邻护栏之间未进行可靠连接或连接强度不足（图6-3），这是导致碰撞护栏过渡段的车辆冲

a)　　　　　　　　　　　　　　　　　　b)

图6-3　护栏未设过渡连接的问题

出路外的关键因素。当然,这种护栏衔接过渡,当小型车辆自小刚度护栏侧向大刚度护栏侧碰撞时,也是极易造成事故车辆发生绊阻的。

(2)相邻护栏之间的结构刚度过渡不合理或端部的刚性构件(部位)未做安全处理,这种问题是导致小型车辆碰撞护栏过渡段时发生绊阻的重要原因。如图6-4所示,波形梁护栏的横梁刚度较小,过渡段内的立柱间距大,导致波形梁护栏过渡结构的刚度低于混凝土护栏(或金属梁柱护栏),车辆碰撞过渡段位置的波形梁护栏时,就会因波形梁护栏发生较大变形而使车辆碰撞混凝土护栏(或金属梁柱护栏)端头,形成严重绊阻。另外,在护栏衔接处,波形板横梁的上、下方均存在迎交通流且与波形梁护栏迎撞面临近的刚性构件(部位),这种情况下,即使波形梁护栏在碰撞过程中不会发生变形,碰撞车辆也会因车体侧倾或变形而碰撞混凝土护栏(或金属梁柱护栏)的刚性构件或部位,导致绊阻现象。

a)   b)

图6-4 过渡刚度不足或刚性构件未安全处理的问题

除了以上传统意义上的护栏过渡段存在的安全问题以外,由于公路隧道入洞口外护栏的过渡处理不得当,导致隧道入洞口处的交通事故频发,安全问题突出。如图6-5a)所示的事故,虽然隧道洞口的桥梁段设置了组合式桥梁护栏,但由于护栏并未渐变过渡至隧道洞壁位置,使隧道洞口的刚性端墙完全暴露于交通流当中,车辆一旦在洞口路段失控就容易直接正面碰撞刚性端墙,造成重大伤亡事故。图6-5b)所示为车辆冲断洞外波形梁护栏后冲上洞口山坡的事故。

a)   b)

图6-5 隧道入口位置的交通事故

结合我国公路隧道洞口护栏设施的设置现状,从隧道洞口的交通事故特点分析来看,导致以上交通事故的主要原因包括:

(1)隧道洞口路段未设置护栏或护栏未渐变过渡至隧道洞壁位置(图6-6),使隧道洞口的刚性端墙完全暴露于交通流当中,车辆一旦在洞口路段失控就容易直接正面碰撞刚性端墙,造成重大伤亡事故。

图 6-6 洞口未设护栏和护栏未渐变过渡的问题

(2)隧道洞口路段设置的护栏防护能力不足或与隧道洞壁未连接(图 6-7),导致车辆冲断护栏后碰撞隧道洞壁或洞口山体。

图 6-7 洞口护栏等级低或与隧道洞壁未连接的问题

(3)除以上两个问题以外,由于车辆在碰撞护栏的过程中会发生侧倾,且护栏高度越小、碰撞中变形越大,则车辆的侧倾值就越大。因此,若隧道洞口设置的护栏过渡段高度不足或刚度不够(图 6-8),即使护栏渐变过渡至隧道洞壁位置,也是仍然容易导致车辆碰撞隧道洞壁(图 6-9)。

图 6-8 洞口护栏过渡段的高度和刚度不足

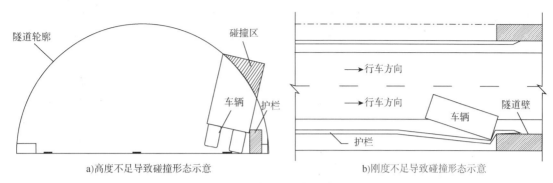

a)高度不足导致碰撞形态示意　　　　　　b)刚度不足导致碰撞形态示意

图 6-9　洞口护栏刚度或高度不足的碰撞

6.3　过渡段设置考虑因素

现状护栏之间的过渡段和隧道洞口护栏过渡段设置存在的问题,导致了较多的重大交通安全事故。为避免此类交通事故的发生,在今后的护栏过渡段设计与设置过程中,设计人员应针对相邻护栏衔接过渡段和隧道洞口护栏过渡段的交通事故所揭示的设施缺陷与安全问题,进行重点考虑、合理处治。

6.3.1　相邻护栏过渡考虑的关键因素

对于护栏过渡段的设置,首先应结合相邻护栏的等级情况,按"17 规范"的要求,确定过渡段的防护等级,然后在形式选择或结构设计上考虑以下关键因素。

1) 结构强度

结构强度因素主要侧重于过渡段自身的结构安全性,即其结构本身应能有效阻挡车辆穿越、翻越或骑跨护栏,这是过渡段设计的基础条件。一般情况下,过渡段结构的强度应不低于相邻护栏中防护等级较低或结构刚度较低的护栏。

2) 刚度过渡

相邻的不同形式或不同刚度护栏之间,往往在结构刚度上存在较大差异。当车辆自低刚度侧向高刚度侧碰撞时,会因低刚度侧护栏的大变形而导致绊阻。一般来说,相邻护栏结构的刚度差异越大,导致车辆绊阻的风险就越高。需要注意的是,过渡段的刚度过渡包括两方面的要求,一个是过渡段结构自身的刚度,要求不低于相邻护栏中防护等级较低或结构刚度较低的护栏;另一个则是过渡段范围内刚度的过渡,要求结构刚度在过渡段范围内实现平缓过渡,特别是临近刚性(刚度相对更大)护栏端部时,刚度的变化幅度应更小。

3) 连接强度

过渡段与相邻护栏之间的连接,是确保过渡段与相邻护栏之间防护连续的基础,也是过渡段结构发挥防护功能的重要保障。一旦连接位置发生破坏,将容易导致过渡段在碰撞过程中被冲断而丧失阻挡防护功能。因此,过渡段的设置应考虑相邻护栏与过渡段结构的连接强度,一般可按相邻护栏中防护等级较低或结构刚度较低的护栏纵向构件的强度承载力进行控制。

4) 刚性端部处理

不同形式的相邻护栏过渡连接时,由于结构形式上的差异,一般在刚性(刚度相对更大)护栏端部会有结构或构件断面暴露于碰撞车辆侧倾范围内;在这样的情况下,即使过渡段结构在碰撞中不会发生变形,碰撞车辆也会因为自身车体变形或侧倾而碰撞刚性断面,导致绊阻的发生。因此,过渡段设计与设置过程中,除了考虑结构强度、刚度过渡和连接强度之外,还应考虑刚性端部的安全处理。

6.3.2 隧道口护栏过渡考虑的关键因素

隧道洞口护栏包括隧道入口护栏和隧道出口护栏两种情况,其设置除了应按"17规范"的要求确定防护等级以外,在结构选型和设计上还应重点考虑以下因素。

1)护栏位置

相比于隧道洞外的路基(桥梁)横断面宽度,隧道横断面宽度会更小。对于隧道入洞口来说,若洞外路基(桥梁)护栏按常规要求设置于硬路肩外侧,那么隧道入洞口的刚性端墙和检修道端部将直接暴露于硬路肩宽度范围内,使其正面迎向交通流方向,这是导致失控车辆在隧道入洞口正面撞击刚性端墙交通事故的主要原因。对于隧道出洞口来说,交通流为窄断面宽度流向宽断面宽度方向,因此洞外护栏横向位置可按常规要求设置,纵向则应布设至洞口断面位置,以确保防护的连续性。

2)护栏高度

通常情况下,检修道内侧面与隧道洞壁的距离不超过1m,而大型车辆碰撞常规高度的护栏时侧倾值则远大于1m,因此即使隧道入口护栏的断面位置已渐变至检修道内缘位置,车辆碰撞隧道洞口附近护栏时,仍会发生碰撞隧道洞壁的事故,且越靠近洞口,碰撞隧道洞壁的风险越高。而护栏高度是控制碰撞车辆侧倾的重要参数,护栏越高,车辆碰撞时的侧倾值就会越小。因此,隧道入口护栏的设置应考虑在洞口位置附近进行加高。

3)结构刚度

与护栏高度一样,护栏结构刚度同样是影响车辆碰撞护栏侧倾值的重要参数,护栏刚度越小,车辆碰撞的侧倾值就越大,在隧道入洞口附近位置设置时,车辆碰撞隧道洞壁的风险就越高。

4)搭接强度

若隧道洞口护栏采用半刚性护栏时,还应考虑半刚性护栏的纵向梁构件与隧道洞壁的搭接处理,并设计足够的强度。

6.4 护栏过渡处治方式

6.4.1 波形梁与混凝土护栏过渡

波形梁护栏属于半刚性护栏,混凝土护栏属于刚性护栏,二者的刚度差异较大,车辆碰撞波形梁护栏后容易因波形梁护栏变形过大而在混凝土护栏端部绊阻。另外,因结构形式的不同,二者在高度和断面形式上也不一致,相互搭接后必然会导致刚性部件凸出的问题,增加车辆绊阻的风险。因此,波形梁护栏与混凝土护栏衔接时,其过渡处理一般来说应解决刚度的过渡和端头刚性部件凸出的问题。

1)刚度过渡处理

波形梁过渡段的刚度主要可通过增大波形板横梁截面、逐级加密立柱的方式来实现过渡,如图6-10所示,特别是靠近混凝土护栏端部的立柱,应采用更小的立柱间距,以将混凝土护栏端部附近的波形梁护栏刚度提升至与混凝土护栏接近的程度,避免该位置变形过大造成车辆的绊阻。

2)混凝土端部处理

在混凝土护栏端部,危险的凸出刚性部件主要有波形板上面高出的混凝土部分和波形板下面凸出的坡面部分。对于上部高出部分,可通过切角进行高度渐变,消除其对车辆绊阻的风险,如图6-11a)所示。对于下部凸出部分,可以采用对凸出部分的混凝土进行截面宽度的渐变处理,如图6-11b)所示。当波形板横梁距离路面高度较大时,还需要在下部增设摩擦梁,如图6-11a)、c)所示,以解决下部凸出部分对车轮的绊阻影响。当然,更可以通过将混凝土护栏端部进行外展的方式来综合处理这两个问题,如图6-11d)所示。

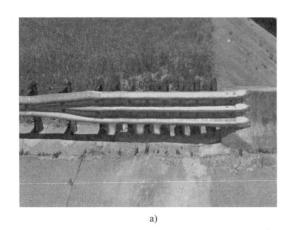

图6-10 波形梁护栏与混凝土护栏衔接的刚度过渡处理

图6-11 波形梁护栏与混凝土护栏衔接的混凝土端部处理

3）波形梁板的端部处理

由于波形梁板需要搭接在混凝土护栏迎撞面上，因此，在混凝土护栏迎撞面上将会形成波形板断面的凸出。当混凝土护栏在波形梁护栏上游时，该凸出部件将会对车辆形成绊阻风险。该问题不仅可以采用在混凝土护栏端部设置翼墙（预留槽口嵌入波形板）的方式进行处理，如图6-11c)所示；也可以采用对波形板端部进行切斜角的方式进行处理，如图6-11d)所示。

6.4.2 波形梁与梁柱型钢护栏过渡

1）波形梁刚度过渡

金属梁柱式型钢护栏也属于半刚性护栏，但相比于波形梁护栏，其刚度要大得多，因此在波形梁护栏与金属梁柱式护栏相邻连接时,也应对波形梁护栏进行刚度的过渡处理,即采用增大波形板横梁截面、加密立柱间距的方式来实现,如图 6-12 所示。

图 6-12　波形梁护栏的刚度过渡处理

2) 型钢护栏端部处理

对于金属梁柱式护栏的横梁布设范围宽于波形板横梁的情况,宽出波形板范围的金属梁柱式护栏的横梁必然会形成危险障碍,不仅存在对车辆绊阻的风险,而且存在横梁插入碰撞车辆车体的风险。这个问题的处理关键在于将横梁向下弯折,使其高度渐变至与波形梁板高度一致的位置,如图 6-13b) 所示。除此之外,还可通过金属梁柱式护栏的端部横梁整体外展或端部圆弧的方式进行处理,如图 6-13a) 所示;或者通过在梁柱式护栏端部设置混凝土翼墙的方式,将其转化为波形梁与混凝土的搭接过渡,并将金属梁柱护栏的横梁端部锚固于混凝土翼墙中,如图 6-13b) 所示。

图 6-13　金属梁柱式护栏的端部处理

3) 波形梁端部处理

波形梁板端部主要采用切角处理,如图 6-12a) 和图 6-13b) 所示,以解决波形板搭接于金属梁柱护栏迎撞面上时导致的截面凸起的问题。

6.4.3　梁柱型钢护栏与混凝土护栏过渡

金属梁柱式护栏与混凝土护栏的衔接过渡,除了对金属梁柱护栏的刚度进行渐变加强之外,将金属梁柱护栏的横梁与混凝土护栏进行平顺连接是关键。较好的一种处理方式是在混凝土护栏端部设置混凝土翼墙,如图 6-14 所示,这样不仅可以通过端部翼墙进行护栏高度和截面的渐变过渡,还可将金属梁柱护栏的横梁锚固于翼墙中,最大程度消除过渡衔接位置处的安全风险。

图 6-14　金属梁柱式护栏与混凝土护栏的过渡处理

6.4.4　隧道洞口护栏过渡

对于隧道入洞口位置,其最大的安全风险是车辆碰撞隧道端墙、洞壁或检修道的问题,因此隧道入口护栏的设置必须以避免这些事故发生为目标。

图 6-15a)展示的为隧道入口处的护栏设置,其采用混凝土护栏型式并延伸设置至洞口断面位置,横断面位置布设上则由洞外路基外侧位置渐变至与隧道检修道内边缘齐平的位置,护栏高度则由洞外的常规高度向洞口位置逐渐加高渐变。采用混凝土护栏型式主要是考虑提高护栏的刚度和强度,加强护栏对大型车辆的阻挡功能,防止大型车辆冲断护栏或因护栏变形过大(波形梁护栏常发生的问题)后撞击隧道端墙的事故发生;而护栏断面位置在洞口附近时渐变至与检修道内边缘齐平,则可实现对隧道端墙和检修道端部的防护,避免了隧道端部的刚性端头暴露在交通流中而对车辆形成的安全风险;同时,在洞口附近的护栏高度做了加高处理,以减小车辆碰撞护栏时的侧倾值,防止车辆产生较大侧倾而撞击隧道洞壁的危险。

a)

b)

图 6-15　隧道洞口护栏过渡处理方式

对于隧道出洞口的护栏设置,由于隧道出洞口路段的交通流为自隧道内窄断面流向隧道外路基宽断面,因此不会存在类似入洞口处刚性断面的安全风险,但为确保洞外护栏的端部锚固强度以及护栏防护的连续性,需要将洞外护栏设置至洞口位置,并将护栏纵向梁构件与隧道洞壁搭接(混凝土护栏除外),同时,纵向梁的截面应做切斜坡的端部处理,如图 6-15b)所示。

6.5　小结

本章主要针对护栏过渡段容易发生的安全事故类型与特点,提出护栏过渡段设计的目标与方向,提炼并介绍过渡段设置中应重点考虑的关键因素与处理方式,为公路工程中过渡段的设计与设置提供参考。

目前,我国公路上绝大部分护栏过渡段的设置不尽合理,存在较大安全隐患,特别是在现行"17规范"和"B05标准"等对护栏过渡段的防撞性能提出明确指标要求的大环境下,现状公路的护栏过渡段亟须进行改造提升。另外,公路装备设施技术不断进步,新型护栏成果越来越多,新护栏与常规护栏之间的过渡连接技术需求增加。因此,后续研究可针对现状护栏过渡段改造技术、新型护栏过渡技术等开展工作,以满足我国公路工程应用的实际需求,特别是安全性能满足现行标准要求、经济合理和实施方便的护栏过渡段技术的研究。

第7章 基于视觉提升的护栏设计

7.1 概述

随着我国社会经济的快速发展及生活水平的不断提升,人们对高速公路的功能特性需求越来越全面,要求其不仅是一种为社会提供高效、快捷、安全的交通载体,而且也要成为一种行车舒适、环境优美、技术先进、服务优良的人文景观。护栏作为高速公路的重要安全设施,其立面处于道路使用者垂直视域范围内,易见性较好;护栏与道路使用者距离较近,视觉清晰度较优,且护栏沿高速公路呈线状分布,出现在驾乘人员视域内的频率较高、时间较长,对高速公路美化效果起着重要作用。因此,护栏应在具备可靠防护性能的同时,还应有良好的视觉效果,以改善公路整体行车环境、缓解视觉疲劳、提升行车舒适度及行车安全性;同时将高速公路沿线特色文化因子有机植入到护栏视觉效果设计中,还可推介地域文化特色,带动区域旅游经济发展。

此外,近年来国家交通运输部也在大力倡导"品质工程"理念,所谓"品质工程"是指:"既有工程功能、耐久性、可靠性、适用性等内在质地的特性,又包含建筑艺术美、工程技术美、设施与生态协调、融入文化理念、后期服务等外在品位的工程",将设计美感、景观美感融入护栏视觉效果设计中,使高速公路具备更好的建设品质与文化品位,良好契合了国家发展趋势。

目前我国高速公路上常用的护栏形式主要包括波形梁护栏、混凝土护栏及型钢护栏三种,但早期公路受社会环境和技术水平的影响,仅注重护栏的基础防护性能,对视觉效果特性并未给予足够关注,导致护栏存在样式呆板、结构单一、色彩单调的缺点,对公路整体品质、道路使用者行驶舒适性等多方面带来不利影响。传统混凝土护栏因在有效高度内完全封闭,视野不通透,且外形呆板单一,导致行车视觉效果压抑,长距离的行驶容易造成视觉疲劳如图7-1a)所示。传统型钢护栏多设置于桥梁段,虽具有一定的通透性,但多采用通用型标准化结构,在造型新颖性和景观协调性方面存在明显不足如图7-1b)所示。因此,这两种护栏的视觉效果均应得到有效提升。

a)混凝土护栏　　　　　　　　　　　　b)型钢护栏

图7-1　传统护栏视觉效果

然而,视觉效果提升设计势必对护栏的安全性能带来一定影响,如混凝土护栏若采用通透型镂空设计思路,需在护栏墙体上设置开孔,而开孔设置形式对行车的视觉效果和车辆(尤其是小型客车)碰撞护栏后行驶姿态有较大影响,即孔小会影响护栏的通透性,孔大则有可能会对小型客车形成绊阻。因此本章对护栏视觉效果提升设计的国内外现状、设计原则与方法、设置考虑因素及已有护栏景观设计参考形式进行了较为详细的论述,可望有效指导高速公路护栏设计与设置。

7.2 护栏视觉提升技术现状

早期世界各国的护栏研究与设计主要以满足防护能力需求为目标,在这方面积累了丰富的经验,但对提升护栏视觉效果方面的考虑或投入较少,受防护能力及造价目标的约束,视觉效果往往要为防护能力及造价让步。但随着经济水平的不断提升,人们对公路交通环境及行车舒适性提出了更高要求,国内外针对护栏视觉提升技术也逐步开展了相关技术研究与应用,具体现状如下。

7.2.1 国外现状

目前国外在护栏视觉效果方面开展了一些研究工作,主要以高防护等级的型钢护栏和混凝土护栏为主。对于混凝土护栏来说,视觉效果设计思路主要局限于护栏表面的处理上,如加利福尼亚高速公路美观护栏(California Highway Barrier Aesthetic)研究报告中曾结合各种护栏形式,以及各自所处环境的景观特点,采用涂装及纹理的方式,给出了多种考虑视觉效果的混凝土护栏美化、图形、图案方案,如图7-2所示。同时美国景观混凝土护栏设计(Aesthetic Concrete Barrier Design)项目研究报告,对现存的护栏产品进行横向比较,形成一个产品集合,对如何发展美观混凝土护栏的导向性和视线通透性做一个全面的研究,其中采用计算机仿真及实车足尺碰撞试验的方式,初步分析了混凝土护栏表面纹理的视觉效果处理方式对车辆碰撞时的安全影响,如图7-3所示。

a)
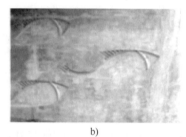
b)

c)

图7-2 加利福尼亚州的混凝土护栏视觉效果提升设计

a)表面纹理设计照片

b)不同纹理安全性能模拟及实车足尺碰撞试验

图7-3 美国混凝土表面纹理设计照片及安全性分析

对于型钢护栏来说,日本国土、基础设施与运输部(MLIT)提出了"创建美好家园综合原则"和"景观护栏指南",该项研究的目的是依据景观护栏指南中的原则设计开发一种标准的铝制景观桥梁护栏。前期试验样品的静态试验结果显示,由于铝的特性,新开发的铝制景观桥梁护栏具有较好的结构稳定型、美观的外形、合理的价格;通过对试验样品的评估,护栏有效性也得到了肯定。而欧美国家则主要通过改变型钢外形及表面彩色涂装来提高护栏视觉效果,如图7-4所示。

a)   b)

图7-4 国外型钢护栏视觉提升设计

7.2.2 国内现状

我国在安全设施方面的研究虽然起步较晚,但仍然取得了一系列研究成果。特别是近年来,随着人们对行车舒适性要求的不断提高,对护栏视觉效果的研究呈逐年发展趋势,先后针对混凝土护栏的视觉效果进行了更深入的研究,并开发了几种具备良好视觉效果的混凝土护栏,极大地改善了混凝土护栏的景观效果,应用效果显著。图7-5为北京中路安交通科技有限公司依托湖南常吉(常德至吉首)高速公路项目,以当地历史文化为背景,综合考虑安全防护与视觉效果两方面因素,成功开发的高防护等级凤凰型美观混凝土护栏;该护栏防护性能可靠,且通过通透型的镂空设计方式,结合湖南凤凰昂首展翅的优美造型有效提升了护栏整体视觉效果,寓意"百凤朝阳",体现了人间的"真爱与幸福",将护栏与公路沿线文化特色融为一体,丰富了高速公路的文化内涵。

a)   b)

图7-5 国内高防护等级凤凰型美观混凝土护栏

型钢护栏我国普遍应用于桥梁上,在视觉效果方面采用的设计手段包括表面彩色涂装和型钢构件特殊造型两种。图7-6a)为型钢护栏表面统一颜色涂装和多种颜色搭配组合涂装的实际应用效果,这种设计方式应用较为广泛。另一种是在护栏结构造型上进行特殊设计,图7-6b)为北京中路安交通科技有限公司以神农架(木鱼坪)至兴山(昭君桥)旅游公路为依托,针对当地的人文自然环境特点,研发的"飞鱼型"型钢护栏,实现了护栏造型与当地的自然、人文环境完美结合,改善了道路交通环境,起到了良好视觉效果。

a) 外观颜色

b) "飞鱼"立柱造型

图 7-6　国内型钢护栏视觉效果设计

综上所述，国内外正在加大开展护栏视觉效果提升方面的研究，并逐步寻求防护、安全与美学之间的平衡，以进一步美化交通。目前国外已取得了一些研究成果，形成了较为成熟的标准规范及设计方法，但由于国外公路建设环境、设计条件、交通流特性及驾驶习惯等方面均与国内存在较大差异，故国外的护栏视觉效果提升技术成果并不完全适用国内，仅可作为参考。国内高速公路上使用的视觉效果良好的混凝土护栏和型钢护栏虽具有一定防护能力，但由于研发较早，仅符合已废止的"F83标准"要求，并未按照现行"B05标准"开展实车足尺碰撞试验验证，存在规范符合性问题。同时随着交通环境、车辆型式、车型比例、运行速度等交通特性的变化，护栏防护能力可能已不满足当前公路交通条件使用需求，尤其是对于混凝土护栏沉雕或镂空造型设计成果的安全性能影响则更大，若应用不当，将存在安全责任和法律风险。

7.3　基于视觉提升的护栏设计原则与基本思路

7.3.1　护栏视觉效果提升设计基本原则

通过总结相关设计经验，得到护栏视觉效果提升设计的7项基本原则。

1) 安全防护性能可靠

作为保障公路行车安全最重要的一种被动防护设施，护栏视觉效果提升设计的基础原则是结构安全防护性能可靠，不得以降低护栏安全防护水平为代价，应在充分体现护栏结构设计安全性的基础上，结合美学理念进行视觉效果提升设计。

2) 与环境相协调

护栏作为一种线状的、连续的结构物，穿越的沿线环境也在不断变化，护栏自身的比例、尺度、颜色、结构、形状和材质等属性应在一定程度上彼此间以及与周围环境之间产生合理的关联，使不同形式的护栏间、护栏与周围环境间具有统一性与协调性。因此，护栏视觉效果提升设计所得成果不仅应单体美观，更要与公路沿线整体环境相协调，避免因护栏结构形式的单一性，使人产生单调乏味的感觉,而应在长距离内使公路产生和谐的美感。

3)体现地域文化特色

高速公路作为线性工程,所穿越的地区均具有各自独特的地域文化特色,因此在护栏视觉效果设计的过程中,应充分考虑到所经地域的人文特色、风情民俗等因素,将沿线特色文化因子有机植入到护栏设计中,进行多层次、多元化设计,使得高速公路景观有如艺术长廊一般,提高道路使用者的行车舒适性和愉悦度,同时还可推介沿线地域文化特色,带动区域旅游经济发展。

4)美学和交通心理学结合的原则

护栏的视觉效果设计不能脱离社会审美观而独立存在,必须结合交通心理学,以高速公路使用者心理活动为指导原则。在满足其交通功能的前提下,以美学理论为指导,以大比例、大尺度的动态化设计为原则,赋予护栏景观更赏心悦目的形式和内在含义。

5)耐久性原则

护栏是一种长时间暴露于室外环境的安全设施,受风、雨、雪等天气及温度的影响较大,若护栏视觉效果设计不合理或处理不恰当(如混凝土护栏沉雕、镂空等设计不当导致墙体开裂,钢筋腐蚀;型钢护栏美化涂塑不当导致钢构件表面起皮、生锈等),将大大降低护栏的使用寿命,对护栏耐久性带来不利影响(图7-7)。因此护栏视觉效果设计过程中,需对混凝土材料特性、钢筋配置、钢构件防腐等进行合理设计,以保证护栏的使用寿命与外观效果,具备良好的耐久性。

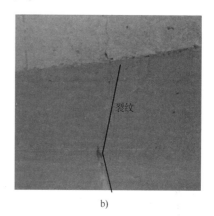

a) b)

图7-7 护栏耐久性不佳示例

6)造价经济性原则

与传统护栏相比,视觉效果提升设计势必会增加护栏的建设成本,如混凝土护栏模板特殊定制、型钢构件特殊加工等,因此为了契合我国经济型社会现状,应在保证护栏结构强度可靠的基础上,充分考虑造价经济性因素,对护栏视觉效果进行合理设计。

7)工艺及维护方便性原则

高速公路作为沿线经济发展的重要交通载体,需要持续、高效运营,护栏作为附属安全设施,应在建设时期的加工和施工方面,以及运营时期维修和养护方面,均具备良好的方便性和快捷性,以满足主管单位对护栏建设效率的要求。因此护栏视觉效果提升设计时,针对模板特殊定制或型钢构件特殊加工等情况,应在保证安全性能和外观效果的基础上,实现护栏高效、便捷、合理的工艺及维护特性。

7.3.2 护栏视觉效果提升设计基本思路

护栏视觉效果提升设计的基本思路如下:

1)背景调研

调研应用路段沿线地区的民俗文化(如当地的独特自然或人文景观、文化传统、历史故事和神话传说等)、建筑特点、公路整体风格等情况,为护栏造型设计提供灵感。

2) 设计主题选取

选取具有代表性,能够体现区域文化特色,给人留下深刻印象的事物或理念作为设计主题,应体现出良好寓意。

3) 设计元素提取

在设计主题的基础上,提炼设计可用元素,采用抽象、联想、形象思维等方法将元素加工修饰,尽量用简洁、流畅、抽象的线条来体现设计元素的主题,提取有代表性的元素,该元素要能很好地代表所选定的主题,同时还要考虑提取的元素的外形、尺寸等能够在保证安全的前提下很好地体现出来。

4) 与护栏结构融合

结合应用路段所选护栏基本结构形式,综合考虑结构安全性和行车视觉效果两方面因素,将提取的设计元素与护栏融合在一起,应保证护栏造型设计的简洁性、流畅性及一定的连贯性。

5) 综合性能优化

从安全、耐久、经济、工艺维护方便等角度出发,对具备良好视觉效果的护栏成果进行整体优化设计,保证成果在实际工程中的良好使用效果。

7.4 混凝土护栏视觉效果设计方法

与型钢护栏相比,传统混凝土护栏完全不通透的呆板压抑造型更需要采用视觉效果提升设计进行安全、合理改善。混凝土护栏视觉效果提升方式主要有三种,分别是通透性镂空设计(墙体上设置开孔)、沉雕设计(墙体设置凹槽)及彩色涂装设计(墙体喷涂颜料)。彩色涂装是在护栏墙体表面进行美化设计,并未改变护栏结构,对护栏安全防护性能未造成影响,本节不进行详细论述。护栏镂空设计和沉雕设计会不同程度地改变护栏墙体迎撞侧立面结构,从而影响护栏的安全防护性能。因此,本节基于常用的高防护等级混凝土护栏结构形式(图7-8),从安全角度出发,研究提出了混凝土护栏镂空和沉雕两种视觉效果提升的安全、合理设计方法。

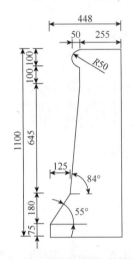

图7-8 高防护等级混凝土护栏基本结构形式(尺寸单位:mm)

7.4.1 护栏镂空造型设计方法

通透性镂空设计是指在混凝土护栏墙体上设置美观且寓意良好的断面贯通式开孔造型,通过镂空设计使行车视野更开阔,视觉效果更通透,驾驶心情更舒畅。由于开孔设置形式对行车的视觉效果和车辆(尤其是小型客车)行驶姿态均有较大影响,若孔小会影响护栏的通透性,孔大则有可能会对小型客车形成绊阻。为此,采用了计算机仿真分析方法,以防护小型客车的性能指标(乘员碰撞速度和乘员碰撞后加速度)为判断依据,研究提出了护栏通透性镂空造型安全合理的设计方法,以保证护栏视觉效果与安全防护性能均满足要求,为混凝土护栏镂空造型设计提供依据。

图7-9为混凝土护栏镂空造型设计方法,其适用于开孔宽度为1m的情况,主要是解决混凝土护栏开孔设计所涉及的孔高、孔中心距、孔下沿距路面高3个参数(图7-10)的综合选取的合理性问题。该方法是通过数百次的仿真模拟分析和多种护栏结构安全性验证得到的,具有良好的普适性。

7.4.2 护栏沉雕造型设计方法

沉雕设计是指在混凝土护栏墙体上设置美观且寓意良好的凹槽造型,通过沉雕设计增加护栏整体灵动性,缓解视觉疲劳,提升行车舒适度及安全性。沉雕尺寸大小同样对行车视觉效果和车辆(尤其是小型客车)行驶姿态有较大影响;若沉雕太浅会影响视觉敏感性与美观效果,沉雕太深则有可能会对小型客车形成绊阻。采用了计算机仿真分析方法,以防护小型客车的性能指标为判断依据,研究提出了护栏沉雕造型安全合理的设计方法,以保证护栏视觉效果与安全防护性能均满足要求,为混凝土护栏沉雕造型设计提供依据。

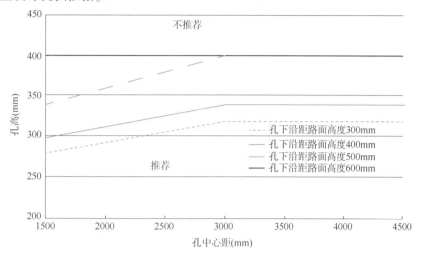

图 7-9　混凝土护栏镂空造型设计方法

图 7-10　镂空护栏设计相关参数示意图

图 7-11 为混凝土护栏沉雕造型设计方法,主要是解决混凝土护栏沉雕设计所涉及的凹槽坡度、深度、楞间距 3 个参数(图 7-12)的综合选取的合理性问题。该方法是通过数百次的仿真模拟分析和多种护栏结构安全性验证得到的,具有良好的普适性。

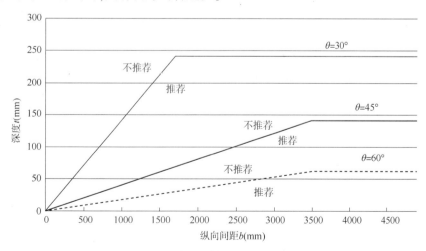

图 7-11　混凝土护栏沉雕造型设计方法

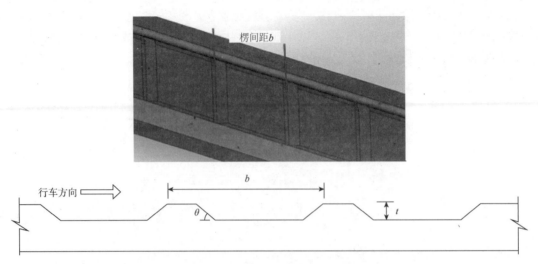

图 7-12 沉雕护栏设计相关参数示意图

7.5 护栏景观设计参考形式

下面介绍几种新开发的混凝土护栏镂空造型、混凝土护栏沉雕造型及型钢护栏特殊造型的技术成果,各项成果均在满足现行标准规范规定防护能力的基础上,实现了良好的视觉效果,改善公路整体行车环境。

7.5.1 混凝土护栏镂空设计

1)混凝土护栏视觉提升设计方案一

视觉提升设计方案一中混凝土护栏采用加强型坡面,整体有效高度为1100mm,宽度为448mm,防护等级为六(SS)级。该护栏采用镂空式视觉效果设计方式,护栏墙体上开设半椭圆孔,并与波纹线条相结合,仿似初升的太阳,象征希望、阳光、朝气蓬勃的寓意;同时造型与示范工程武易高速菌类之乡易门的蘑菇外形相似,充分体现了应用路段的地域文化特色,如图7-13所示。

图 7-13 混凝土护栏视觉提升设计方案一

视觉提升设计方案一中混凝土护栏镂空造型设计尺寸为:孔宽1000mm、孔中心距2000mm、孔下沿距路面高600mm、孔高(此处开孔高度指弓形孔的弦高)240mm,根据前面介绍的混凝土护栏镂空造型设计方法(图7-9),从安全角度出发,对视觉提升设计方案一中镂空造型各项参数设计的合理性进行了综合验证,其位于曲线下方,为推荐安全区域,说明该护栏可在实现良好视觉效果的同时,对小型客车运营安全未造成不利影响,如图7-14所示。

此外,采用动态数值模拟和实车足尺碰撞试验手段,对视觉提升设计方案一混凝土护栏的安全性能作了进一步验证,可有效防护1.5t小型客车、18t大型客车和33t大型货车,各项指标均符合"B05标准"要求,防护等级达到了六(SS)级,取得了3次试验均合格的安全性能评价报告,安全防护性能可靠。目前该成果已在武易高速公路桥梁段进行了应用,有效保障了示范工程桥梁段运营安全,提升公路行车视觉效果与舒适性,形成了优良的公路印象,推介了地方特色,促进了经济发展,应用至今,已得到公路管理部门和道路使用者的良好反馈,成为公路上一道亮丽的风景线,如图7-15所示。

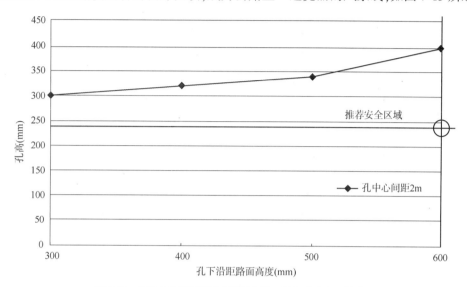

图7-14 混凝土护栏视觉提升设计方案一镂空造型合理性验证

图7-15 混凝土护栏视觉提升设计方案一示范应用效果

2)混凝土护栏视觉提升设计方案二

混凝土护栏视觉提升设计方案二采用镂空式视觉效果设计方式,在护栏墙体上开设"长圆孔",通透性好,且线条简约、大方,与示范工程河北京石高速整体方案的设计风格相协调,契合了当地淳朴、直爽的人文特色。基于"长圆孔"镂空造型,包括路基中央分隔带混凝土护栏和桥梁混凝土护栏两种技术成果,整体有效高度均为1000mm,防护等级均为五(SA)级,如图7-16所示。

通过对视觉提升设计方案二混凝土护栏各项参数设计的合理性进行了验证,也位于曲线下方,为推荐安全区域,未对小型客车运营安全造成不利影响,如图7-17所示。同时经实车足尺碰撞试验验证,两种"长圆孔"镂空造型混凝土护栏均可有效防护1.5t小型客车、14t大型客车和25t大型货车,各项指标均符合"B05标准"要求,防护等级均达到了五(SA)级,且分别取得了试验合格的安全性能评价报告,安全防护性能可靠。

目前视觉提升设计方案二混凝土护栏两项成果均已在河北京石高速公路路基段中央分隔带和桥梁段进行了应用,在保障公路运营安全的同时,美化了交通,提升了行车视觉效果与舒适性,有效缓解了驾驶疲劳,综合应用效果良好,如图7-18所示。

7.5.2 混凝土护栏沉雕设计

混凝土护栏视觉提升设计方案三采用加强型坡面,整体有效高度为1100mm,宽度为448mm,防护等级为五(SA)级。该护栏采用沉雕式视觉效果设计方式,护栏表面通过向内做45°倒角抽象勾勒出"雄鹰翱翔"外观造型,似天空中翱翔之景,造型新颖,灵动流畅,象征向上与自由的寓意,充分体现了应用路段的人文地域特点,如图7-19所示。

a)单元实体模型

  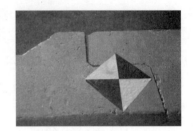

b)路基中央分隔带混凝土护栏成果

c)桥梁混凝土护栏

图7-16 混凝土护栏视觉提升设计方案二造型与成果

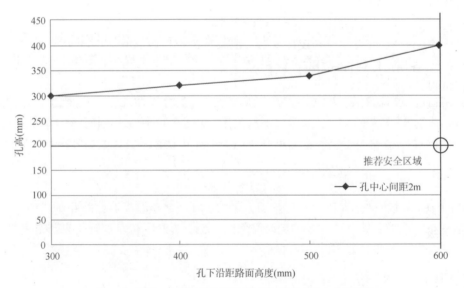

图7-17 混凝土护栏视觉提升设计方案二镂空造型合理性验证

a) 路基段中央分隔带

b) 桥梁段

图 7-18　混凝土护栏视觉提升设计方案二示范应用效果

图 7-19　混凝土护栏视觉提升设计方案三

视觉提升设计方案三混凝土护栏沉雕造型设计尺寸为：凹槽深度 20mm、坡度 45°、楞间距 2m。根据前面介绍的混凝土护栏沉雕造型设计方法（图 7-11），从安全角度出发，对视觉提升设计方案三中混凝土护栏沉雕造型各项参数设计的合理性进行了综合验证，其位于曲线下方，为推荐安全区域，说明该护栏可在实现良好视觉效果的同时，对小型客车运营安全未造成不利影响，如图 7-20 所示。同时经实车足尺碰撞试验验证，视觉提升设计方案三混凝土护栏可有效防护 1.5t 小型客车、14t 大型客车和 25t 大型货车，各项指标均符合"B05 标准"要求，防护等级达到了五（SA）级，且取得了试验合格的安全性能评价报告，安全防护性能可靠。

目前该成果已在武易高速公路路基段进行了应用，保障了示范工程路侧高陡边坡高风险路段的运营安全，提升了行车视觉效果与舒适性，得到了道路使用者与管理者的一致好评，应用效果良好，如图 7-21 所示。

7.5.3　型钢护栏景观设计

"人本型"特高等级型钢护栏的整体有效高度为 1500mm，该护栏防护等级为八（HA）级，是目前世界上防护等级最高的护栏。该护栏上部钢结构立柱采用"人字形"，并与三层钢横梁组合呈现出"以人为本、天人合一"的美观造型，视觉效果通透，寓意良好。

"人本型"特高等级型钢护栏经实车足尺碰撞试验验证，可有效防护 1.5t 小型客车、25t 特大型客车、40t 大型货车及 55t 鞍式列车四种车型，各项指标均符合"B05 标准"要求，防护等级达到了八（HA）级，且取得了 4 次试验均合格的安全性能评价报告，安全防护性能可靠。该成果适用于跨越大型饮用水源、高速铁路等高风险区域路段,目前已在多条高速公路的高风险路段进行了应用,有效地保障了示范工程桥梁段和桥下环境的安全,减少人员伤亡、财产损失及环境污染,降低了事故严重程度,且提升了行车视觉效果与舒适性,得到公路管理部门和道路使用者的良好反馈,如图 7-22 所示。

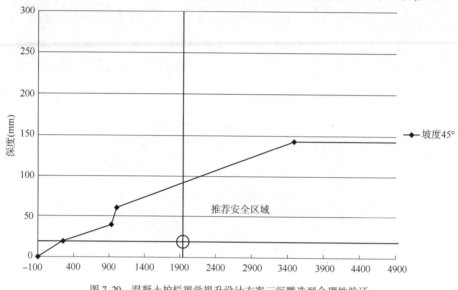

图 7-20 混凝土护栏视觉提升设计方案三沉雕造型合理性验证

图 7-21 混凝土护栏视觉提升设计方案三示范应用效果

图 7-22 "人本型"特高等级型钢护栏示范应用效果

7.6 小结

本章总结归纳了国内外针对混凝土护栏和型钢护栏视觉效果提升设计方面的现状,且结合相关研究及设计经验,提出了护栏视觉效果设计基本原则,同时采用计算机仿真技术开展了大量研究分析,最终分别得到了混凝土护栏镂空和沉雕设计过程中各影响参数之间的关系云图,为混凝土护栏视觉效果安全合理设计提供了依据,填补了相关空白,保证了护栏视觉效果与安全防护性能均满足要求,意义重大。

第8章 新技术成果施工与验收

针对公路安全防护设施中存在的安全问题,经研究开发获得了一系列新技术成果,包括具有视觉提升效果的高等级景观混凝土护栏、Am级新型框架式中央分隔带开口护栏、TS级可导向防撞垫、双向行驶匝道多功能护栏、防撞型声屏障等五大类,为解决公路防护设施的安全问题和提升公路安全水平奠定了坚实的基础。本章主要介绍新技术成果的施工与验收相关要求,以指导新技术成果在实际工程中的全面推广应用与正确使用,保障新技术成果的防护效果。

8.1 新型高等级景观混凝土护栏

高等级景观混凝土护栏包括设置于桥梁路段的SS级景观混凝土护栏和设置于路基段的SA级景观混凝土护栏,其施工工艺基本相近。

8.1.1 施工工艺

1) 施工放样

施工前应对护栏设置的横向位置、纵向起讫桩号、高程等进行准确放样,并确保设置区域平整、清洁,合理处理与其他相关设施或构造物的相互关系。

2) 钢筋制作与安装

钢筋应严格遵照护栏设计图纸进行加工制作与安装,并应满足《公路钢筋混凝土及预应力混凝土桥涵设计技术规范》(JTG D62—2004)的要求。钢筋加工精度要求如表8-1所示,安装精度控制要求如表8-2所示。

钢筋加工允许偏差(mm)　　表8-1

项目	受力钢筋沿长度方向	弯起钢筋各部分尺寸	箍筋
允许偏差	±10	±20	±5

钢筋安装允许偏差(mm)　　表8-2

受力钢筋间距		箍筋间距	弯起钢筋位置	保护层厚度
两排以上排距	同排的间距			
±5	±10	0,-20	±20	±5

3) 模板制作与安装

护栏模板宜采用钢模板,模板的内侧尺寸应符合护栏结构设计要求,其内表面应光滑,结构面应平整,模板的加工制作还应符合现行国家标准《组合钢模板技术规范》(GB/T 50214—2013)的相关规定,并满足表8-3的精度要求。模板制作后应进行预拼和浇筑试验,确保其浇筑的护栏满足设计图纸要求。

钢模板安装前应除锈、除污,保持内表面的清洁,并适当涂抹脱模剂。安装后模板接缝位置应平顺、严密,有必要应进行填缝处理,防止浇筑时漏浆。浇筑前,应检查模板的安装位置是否满足要求,各部位尺寸是否满足护栏结构设计要求,其精度应满足表8-4的要求,同时还应对模板进行加固,防止浇筑过程中的移位、胀膜现象发生。

模板加工允许偏差(mm)　　　　表8-3

外形尺寸		面板端偏斜	连接配件的孔眼位置			板面局部不平	板面和板侧挠度
长和高	肋高		孔中心与板面间距	板端中心与板端间距	沿板长宽方向的孔		
0,-1	±5	≤0.5	±0.3	0,-0.5	±0.6	1.0	±1.0

模板安装允许偏差(mm)　　　　表8-4

模板标高	模板内部尺寸	轴线偏位	相邻模板表面高差	模板表面平整
±10	+5.0	8	2	5

4)混凝土浇筑

混凝土浇筑前,应确保浇筑面的清洁,钢筋和模板内表面无锈蚀。混凝土浇筑应采用一次性分层连续浇筑施工(图8-1),第一层浇筑长度不宜过长,应为4~6m。混凝土的振捣采用插入式振捣棒,也可采用附着式振捣器辅助振捣。振捣时,振捣棒的移动间距不超过振捣棒作用半径的1.5倍,并应插入至相邻层结合面以下的混凝土中同时振捣;同时,应避免振捣棒碰撞钢筋与模板,尽量控制振捣棒与模板的距离为3~8cm。

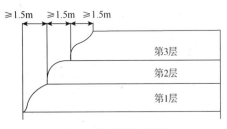

图8-1 分层浇筑示意图

浇筑过程中,还应实时监测模板的相对位置、预埋件的位置是否发生变化,一旦移位,应及时进行调整与加固处理。浇筑完成后,混凝土顶面宜进行抹平、收浆处理,确保浇筑表面的光滑、平整。

5)养护

混凝土浇筑完成后,应采取相应措施进行养生。气温高的环境下,应对混凝土表面进行覆盖处理,并不定期进行洒水养护,确保混凝土湿度,防止裂缝产生;气温低的环境下,应采用保温材料对混凝土进行覆盖保温,气温特别低时,还应考虑采取辅助加热保温的措施,为混凝土提供强度增长所需的温度条件。养护时间应根据混凝土强度增长情况而定,一般宜为14~21d。

6)拆模

拆模时混凝土强度不应低于设计强度的70%,拆模应按先支后拆的原则进行,并尽量水平移动脱模,保证护栏各部位棱角的完整;严禁敲打、硬拽等可能损伤护栏外形美观的操作。

图8-2示出了上述施工工艺流程。

8.1.2 材料要求

1)钢筋

钢筋混凝土护栏中所用钢筋种类为HRB400、HPB300。其技术条件应符合《钢筋混凝土用钢第2部分:热轧带肋钢筋》(GB 1499.2—2007)的规定。钢筋的加工及安装应符合《公路钢筋混凝土及预应力混凝土桥涵设计技术规范》(JTG D62—2004)及《钢筋焊接及验收规程》(JGJ 18—2012)的要求。钢筋的型号和布设位置应符合设计要求。钢筋应平直,无局部弯折、裂缝、断伤、刻痕等缺陷;钢筋表面应洁净,无锈蚀、无油污。

对于需进行焊接的钢筋,钢筋的焊接接头长度要求为:单面焊焊缝长度不小于10d,双面焊焊缝长度不小于5d(d为钢筋的直径)。

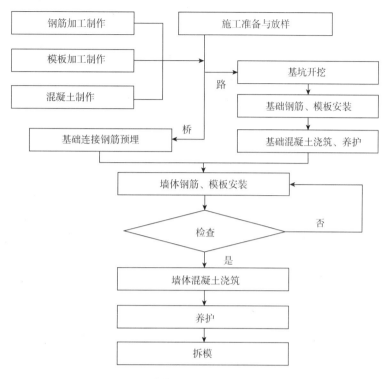

图 8-2 新型高等级景观混凝土护栏施工流程

2）模板

模板质量是保证护栏各部位尺寸和外观质量的基础。混凝土护栏模板应采用钢模板,钢模板具有刚度大、平整度好等优点,在使用过程中不易产生变形,能够保证混凝土表面平整光洁,线条顺直。钢模板可重复利用,在工厂化施工时,能够提高施工效率,节约材料,有较好的经济性。钢模板材料的强度应能满足施工要求,厚度一般应不小于4mm,钢板表面应有良好的光洁度,且应使用整板加工,在长度方向严禁拼接。

3）混凝土

混凝土原材料的选取对于护栏施工质量、结构强度等影响较大。护栏所用混凝土材料应符合现行交通行业标准《公路桥涵施工技术规范》(JTG/T F50—2011)的规定,拌和物的质量应经过检验,实验方法应符合现行《公路工程水泥及水泥混凝土试验规程》(JTG E30—2005)的有关规定。混凝土必须拌和均匀,满足设计要求。其原材料应满足以下要求：

（1）水泥

在同一分项工程中应采用同一生产厂商生产的相同型号的水泥,其质量应符合相关水泥标准与规范的要求,使用前还应进行复查。

（2）集料

集料的选取应符合《公路工程集料试验规程》(JTG E42—2005)相关规定。粗集料应采用质地坚硬、均匀洁净、粒形良好的碎石、砾石或破碎砾石。粒径大于4.75mm,压碎值≤16%,坚固性≤8%,硫化物、硫酸盐含量(折算成SO_2)不大于1%,针片状≤15%,含泥量≤1%,其中泥块含量≤0.5%。粗集料级配范围如表8-5所示。

细集料应采用颗粒坚硬、强度高、耐风化的天然砂,压碎值≤35%,硫化物、硫酸盐含量(折算成SO_2)不大于0.5%,含泥量≤3%,其中泥块含量≤1%,云母含量≤2%,轻物质含量≤1%。应优先采取Ⅱ区中砂,细集料级配范围如表8-6所示。

粗集料级配规格 表 8-5

集配情况	公称粒径（mm）	累计筛余（按质量百分率计） 方孔筛筛孔尺寸（mm）							
		2.36	4.75	9.5	16.0	19.0	26.5	31.5	37.5	53
连续集配	5~10	95~100	80~100	0~15	0	—	—	—	—	
	5~16	95~100	85~100	30~60	0~10	0				
	5~20	95~100	90~100	40~80	—	0~10	0			
	5~25	95~100	90~100	—	30~70		0~5	0		
	5~31.5	95~100	90~100	70~90	—		15~45		0~5	0
	5~40	—	95~100	70~90		30~65			0~5	0

细集料的级配范围 表 8-6

标准筛筛孔尺寸（mm）	级配区			标准筛筛孔尺寸（mm）	级配区		
	1	2	3		1	2	3
	累计筛余（%）				累计筛余（%）		
9.5	0	0	0	0.6	85~71	70~41	40~16
4.75	10~0	10~0	10~0	0.3	95~80	92~70	85~55
2.36	35~5	25~0	15~0	0.15	100~90	100~90	100~90
1.18	65~35	50~10	25~0				

（3）水

混凝土搅拌与养护用水应清洁无污染，应按《混凝土用水标准》（JGJ 63—2006）进行检验。

（4）外掺剂

为加快模板周转，提高施工效率，混凝土中可加入减水剂、早强剂等外掺剂，以提高混凝土的早期强度、减少水用量。外掺剂的种类与用量应符合《混凝土外加剂应用技术规范》（GB 50119—2013）的规定。使用前施工方应提交拟采用的外加剂产品合格证书等有关资料，其使用量应根据厂商的使用说明书，经试验检验且经监理工程师确认。外加剂应无氯化钙、氯化钠等有害物质。

8.1.3 注意事项

（1）模板制作时应严格控制内廓尺寸，并在使用前进行预拼和浇筑试验，以检验尺寸符合性和使用方便性。模板安装时应加固牢靠，防止浇筑、振捣时的跑模或胀模。

（2）混凝土浇筑时，同一施工段内不得进行分层、分段的二次浇筑（先浇筑的部分已经初凝），各层之间、各段之间应一次性连续浇筑完成。当出现二次浇筑时，为避免混凝土断层，应对接触面进行处理，清除骨料间的浮浆，然后才能浇筑上一层或下一段混凝土。

（3）放样定位、模板制作、和混凝土浇筑过程中，因严格控制护栏的高程，避免护栏高度与设计的偏差过大，影响防护功能。

（4）拆模前，应确保混凝土的强度达到设计强度的50%，否则不应拆模；拆模时应注意对景观造型的棱角、护栏各部位棱角进行保护，尽量采取模板平移脱模方式，以确保景观造型结构的外形完整、美观。

8.1.4 验收标准

混凝土护栏验收标准按照《公路工程质量检验评定标准 第一册 土建工程》（JTG F80/1—2004）第11.5章节"混凝土护栏"的内容执行。

8.2 新型中央分隔带开口护栏

8.2.1 施工工艺

1)前期准备

开口护栏安装施工的前期准备的工作主要包括开口护栏材料准备、现场条件校核、地下管线等设施摸查、机械设备及人员组织等。

2)施工放样

根据中央分隔带开口护栏设计图纸要求进行施工放样,确定开口护栏的总体布设位置、基础位置等。

3)端部基础施工

根据放样位置,开挖端部框架基础的基坑,开挖时应注意对地下管线的保护。基坑开挖并清理干净后,便可安装基础钢筋、定位并加固预埋端部框架,开口两端的端部框架定位、加固好并经复查确认无误后,进行基础混凝土的浇筑,浇筑完后进行收浆与养护。

4)主体结构安装

将运输至现场的开口护栏主体结构,按设计图要求的位置进行排列就位,并相互之间的构件进行拼接形成连续的整体,然后调整线形使其顺直,最后将开口护栏与相邻的标准段护栏进行过渡连接,如图 8-3 所示。

a)
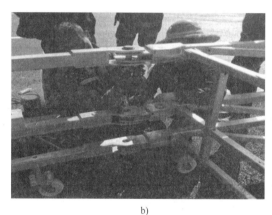
b)

图 8-3 开口护栏主体结构拼接

5)附属设施安装

开口护栏主体结构安装完后,可根据设计图纸要求进行防眩板、轮廓标、反光膜等附属设施的安装施工。

开口护栏安装施工流程如图 8-4 所示。

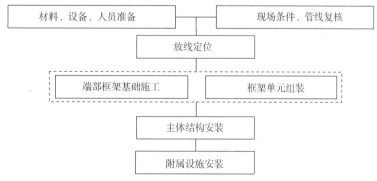

图 8-4 开口护栏安装施工流程

8.2.2 材料要求

1）开口护栏材料

开口护栏的防护等级必须达到设计要求,并应提供符合 B05 标准要求的安全性能检测报告,检测报告中的碰撞试验应为 6 次,包括小客车、中型客车、中型货车三种车型碰撞开口护栏中部的试验 3 次,小客车、中型客车、中型货车三种车型碰撞开口护栏端部的试验 3 次。

另外,还应核查安全性能检测报告中碰撞试验所设置的开口护栏两端的护栏标准段的宽度,若试验中开口护栏所连接标准段护栏的宽度大于实际工程中的标准段护栏宽度,则满足安全要求,否则,开口护栏安装后会存在安全隐患。

材料进场后,应对开口护栏的结构和材质进行核查,检查其与安全性能检测报告上碰撞试验所用的结构与材质是否一致。

2）基础钢筋

钢筋混凝土护栏中所用钢筋种类为 HRB400、HPB300,其技术条件应符合《钢筋混凝土用钢第 2 部分:热轧带肋钢筋》(GB 1499.2—2007)的规定。

钢筋的加工及安装应符合《公路钢筋混凝土及预应力混凝土桥涵设计技术规范》(JTG D62—2004)及《钢筋焊接及验收规程》(JGJ 18—2012)的要求。

钢筋的型号和布设位置应符合设计要求。钢筋应平直,无局部弯折、裂缝、断伤、刻痕等缺陷;钢筋表面应洁净,无锈蚀、无油污。

对于需进行焊接的钢筋,钢筋的焊接接头长度要求为:单面焊焊缝长度不小于 $10d$,双面焊焊缝长度不小于 $5d$（d 为钢筋的直径）。

3）基础混凝土

混凝土原材料的选取对于基础的施工质量、结构强度等影响较大。基础所用混凝土材料应符合现行交通行业标准《公路桥涵施工技术规范》(JTG/T F50—2011)的规定,拌和物的质量应经过检验,实验方法应符合现行《公路工程水泥及水泥混凝土试验规程》(JTG E30—2005)的有关规定。

所用混凝土必须拌和均匀,强度应满足设计要求,其他相关要求可参照本章 8.1.2 中的内容要求执行。

8.2.3 验收标准

1）基本要求

(1)中央分隔带开口护栏安全性能应满足设计要求,并具有相应的安全性能评价报告。

(2)中央分隔带开口护栏所用材料规格、材质应符合设计要求。

(3)中央分隔带开口护栏应组装正确,构件齐全,紧固件安装牢固,构件安装应符合设计和施工的要求。

(4)中央分隔带开口护栏与中央分隔带标准段护栏的过渡段处理应满足设计要求。

(5)中央分隔带开口护栏应易于开启、移动方便。

2）实测项目要求

中央分隔带开口护栏施工验收时,其现场检验的实测项目、检测方法和标准要求均应符合表 8-7 所示的要求。

3）外观质量要求

(1)中央分隔带开口护栏安装到位,不应有明显凹凸、起伏现象,所有构件不应因运输、施工造成防腐层的损伤。

(2)中央分隔带开口护栏安装线形整体顺畅,并与道路线形协调一致,两端与标准段护栏平顺连接。

中央分隔带开口护栏实测项目　　　　　　　　　　表 8-7

项次	检测项目	规定值或允许偏差	检测方法和频率
1	高度(mm)	±20	尺量:每处检查3点
2	宽度(mm)	±10	尺量:每处检查3点
3	节段单元护栏长度(mm)	±10	尺量:每处检查3点
4	基础几何尺寸(mm)	-20,+50	直尺:抽查10%
5	基础混凝土强度(MPa)	在合格标准内	按现行《公路工程质量检验评定标准》(JTG F80/1)附录D检查
6	镀(涂)层厚度(μm)	符合设计	涂层测厚仪:每处抽检10%

8.2.4　养护与维修

1) 常规养护

中央分隔带开口护栏作为一种重要的安全设施,对公路运营安全起着重要的作用,为了保证实际应用过程中开口护栏持续处于良好的技术状况和防护效果,应每隔30d对中央分隔带开口护栏进行一次检查,检查事项包括:

(1) 开口护栏整体结构的完好性,如横梁、竖向支撑、连接螺栓等是否有缺失情况;

(2) 开口护栏构件是否存在锈蚀、变形、损坏等病害情况。

一旦发现构件缺失或变形,应及时进行补缺和更换,而对于锈蚀病害,若不严重则可进行二次喷涂防腐处理,若锈蚀严重,则应及时进行更换构件,最大程度保障开口护栏的技术状况达到设计和建设初期的水平。

2) 事故后维修

当开口护栏发生车辆碰撞事故时,在事故处理完毕后,应及时对开口护栏损坏情况进行评估与统计。对于局部构件损坏的情况,只要及时更换损坏的构件即可;对于损坏较大的情况,则需要将发生损坏的节段单元进行更换。

8.3　新型 TS 级可导向防撞垫

8.3.1　施工工艺

新型 TS 级可导向防撞垫的安装施工流程如图 8-5 所示。

图 8-5　可导向防撞垫施工流程

1) 前期准备

前期准备需要落实的工作主要包括:准备合格的防撞垫材料、核实现场安装条件、组织机械设备与人员、培训施工工艺与安全作业要求等。

2) 放样定位

放样定位主要是结合现场实际条件,按设计图纸要求确定可导向防撞垫的安装位置,应注意防撞垫的各部位不应侵入建筑限界范围内。

3) 基础开挖

按设计图纸要求和放样定位的位置,开挖可导向防撞垫前后端的锚固基础,开挖尺寸不能小于设计尺寸要求。

4) 基础浇筑

基础浇筑前,应按设计图纸要求预埋地脚螺栓,地脚螺栓的定位应准确、牢固,预埋定位时,可借助防撞垫的锚固底板进行控制。

加固并复核地脚螺栓的位置无误后,便可浇筑基础混凝土,浇筑时应对混凝土进行振捣,并防止振捣棒对地脚螺栓的碰撞,过程中还应监测地脚螺栓是否移位、歪斜等问题,一旦发现问题应立即停止浇筑,调整好后才能继续浇筑。

浇筑完后,应对基础表面进行收浆,并对基础进行养护,气温高时采取保湿措施,气温低时采取保暖措施。当基础强度达到设计值的50%后方可进行下一步施工。

5) 结构组拼

按可导向防撞垫的结构构成要求,对可导向防撞垫进行构件组装形成整体。这道工序可根据实际条件在工厂完成,也可在现场完成。

6) 主体安装

将组拼成整体的可导向防撞垫结构整体安装于基础上,使防撞垫的前后端锚固板套在基础地脚螺栓上,并用螺母紧固。当结构组拼在现场实施时,可直接在基础上进行组拼,即组拼与安装同步完成。

7) 附属设施安装

安装完防撞垫主体结构后,还需要采用配套连接板将可导向防撞垫与三角端护栏连接,同时安装轮廓标、粘贴反光膜。

8.3.2 材料要求

1) 防撞垫材料

可导向防撞垫的防护等级必须满足设计要求,并应提供符合"B05标准"要求的安全性能检测报告,检测报告中的碰撞试验应至少为4次,包括正碰、偏碰、斜碰和正向侧碰。

材料进场后,应对可导向防撞垫的结构和材质进行核查,检查其与安全性能检测报告上碰撞试验所用的结构和材质是否一致。

2) 基础混凝土

基础所用混凝土的强度等级应符合设计要求,混凝土材料应符合现行交通行业标准《公路桥涵施工技术规范》(JTG/T F50—2011)的规定,拌和物的质量应经过检验,实验方法应符合现行《公路工程水泥及水泥混凝土试验规程》(JTG E30—2005)的有关规定。

8.3.3 验收标准

1) 基本要求

(1) 可导向防撞垫安全性能应满足设计要求,并具有相应的安全性能评价报告。

(2) 可导向防撞垫所用材料应符合设计要求。

(3) 可导向防撞垫应组装正确,构件齐全,紧固件安装牢固,安装应符合设计和施工要求。

(4) 可导向防撞垫末端与三角端护栏标准段过渡处应满足设计要求。

2) 实测项目要求

可导向防撞垫施工验收时,其现场检验的实测项目、检测方法和标准要求均应符合表8-8所示的要求。

3) 外观质量要求

(1) 可导向防撞垫不应有明显凹凸、起伏现象,所有构件不应因运输、施工造成防腐层的损伤。

(2)可导向防撞垫安装线形应与三角端护栏(或其他被防护构造物)线形相协调。

新型可导向防撞垫实测项目　　　　　　表8-8

项次	检查项目		规定值或允许误差	检查方法和频率
1	几何尺寸(mm)	长	±50	直尺:抽查10%
		宽	±20	直尺:抽查10%
		高	±10	直尺:抽查10%
2	壁(板)厚(mm)		±0.25	千分尺:抽检10%
3	基础几何尺寸(mm)		-20,+50	直尺:抽查10%
4	基础混凝土强度(MPa)		在合格标准内	按现行《公路工程质量检验评定标准》(JTG F80/1)附录D检查
5	镀(涂)层厚度(μm)		符合设计	测厚仪:抽检10%

8.3.4 养护与维修

1)常规养护

常规养护是避免设施技术状况降低的重要工作,对于可导向防撞垫来说,应每隔30d对其进行一次例行检查,检查事项包括:

(1)可导向防撞垫整体结构的完好性,如主要结构件、螺栓紧固件、轮廓标、反光膜等是否有缺失情况。

(2)可导向防撞垫的各钢构件、螺栓等是否存在锈蚀、变形、损坏等病害情况。

一旦发现构件缺失或变形,应及时进行构件补缺和更换;而对于锈蚀病害,若不严重则可进行二次喷涂防腐处理,若锈蚀严重,则应及时进行更换构件。

2)事故后维修

当可导向防撞垫发生车辆碰撞事故时,在事故处理完毕后,应及时对可导向防撞垫的损坏情况进行评估与统计。对于碰撞程度较小的情况,一般仅有部分构件发生局部变形,此时只要及时更换局部变形了的构件即可;对于碰撞程度较大的情况,一般主要是吸能构件、导轨等会发生较严重损坏,此时仅需更换吸能构件和导轨即可,当然,如果其他构件也有损坏时,也应同时进行更换。

8.4 新型多功能护栏

8.4.1 施工工艺

新型多功能护栏的施工工艺流程如图8-6所示,在实际工程应用时,可根据实际条件进行适当优化与调整。

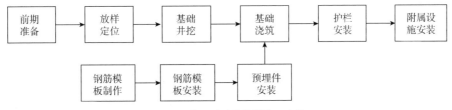

图8-6 新型多功能护栏施工流程

1)前期准备

前期准备需要落实的工作主要包括:准备合格的多功能护栏材料、核实现场安装条件、组织机械设备与人员、培训施工工艺与安全作业要求等。

2)放样定位

根据设计图纸的布设要求,对多功能型护栏的纵向起讫位置、中心线位置、基础边线位置、高程等进行放样,确定位置。

3)开挖基础

按照放样定位的基础位置和尺寸,开挖基坑。

4)基础浇筑

基础浇筑前,应提前按设计要求进行钢筋的加工制作和模板加工制作,并按位置要求进行安装、加固。在钢筋安装的同时,应将护栏的基础预埋件定位安装,并加固牢靠。经检查合格后方可进行混凝土的浇筑,浇筑时应采用振动棒进行振捣,并应防止碰撞模板、钢筋和预埋件的情况发生。

基础预埋件安装时,应特别注意地脚螺栓的定位,包括位置、间距、外露长度等几何参数,并应加固牢靠,在浇筑过程中还应适时监测地脚螺栓的位置是否发生移位。

混凝土浇筑完成后,应及时对混凝土进行养护,待基础混凝土强度达到设计要求的70%时,可拆除模板。

5)护栏安装

护栏安装时,先安装护栏立柱,但地脚螺栓的螺母不应拧紧,以便后续线形调整;然后再依次安装下箱体、导向旋转体、上箱体,调整线形之后全面紧固螺栓(图8-7)。

a)

b)

图8-7 多功能护栏安装过程及效果

6)附属设施安装

护栏安装完并调整线形后,便可根据设计图纸要求,在护栏上安装柱帽、柱帽轮廓标、线性轮廓标、端头反光膜等附属设施。

8.4.2 材料要求

1)护栏材料

材料进场后,应对护栏的结构和材质进行核查,检查其与安全性能检测报告上碰撞试验所用的结构与材质是否一致。

2)基础钢筋

钢筋混凝土护栏中所用钢筋种类为HRB400、HPB300,其技术条件应符合《钢筋混凝土用钢第2部分:热轧带肋钢筋》(GB 1499.2—2007)的规定。

钢筋的加工及安装应符合《公路钢筋混凝土及预应力混凝土桥涵设计技术规范》(JTG D62—2004)及《钢筋焊接及验收规程》(JGJ 18—2012)的要求。

钢筋的型号和布设位置应符合设计要求。钢筋应平直,无局部弯折、裂缝、断伤、刻痕等缺陷;钢筋表面应洁净,无锈蚀、无油污。

对于需进行焊接的钢筋,钢筋的焊接接头长度要求为:单面焊焊缝长度不小于 $10d$,双面焊焊缝长度不小于 $5d$(d 为钢筋的直径)。

3)基础混凝土

基础所用混凝土材料应符合现行交通行业标准《公路桥涵施工技术规范》(JTG/T F50—2011)的规定,拌和物的质量应经过检验,实验方法应符合现行《公路工程水泥及水泥混凝土试验规程》(JTG E30—2005)的有关规定。

所用混凝土必须拌和均匀,强度应满足设计要求,其他相关要求可参照本章 8.1.2 中的内容要求执行。

8.4.3 验收标准

1)基本要求

(1)多功能型护栏安全性能应满足设计要求,并具有相应的安全性能评价报告。

(2)金属构件的规格、材质应不低于设计要求。

(3)旋转体的规格、材质应符合设计要求。

(4)多功能型护栏立柱、上下箱体及旋转体的安装应符合设计和施工的要求。

(5)立柱位置、立柱中距、立柱垂直度及护栏高度应符合设计要求。

(6)多功能型护栏基础混凝土的几何尺寸、强度及预埋件的施工应符合设计要求。

(7)安装紧固件必须符合设计要求和现行标准的规定。

2)实测项目要求

多功能型护栏施工验收时,其现场检验的实测项目、检测方法和标准要求均应符合表 8-9 所示的要求。

新型多功能护栏实测项目 表 8-9

项次	检查项目	规定值或允许误差	检查方法和频率
1	护栏高度(mm)	±20	直尺:抽查 10%
2	上下箱体宽度(mm)	±10	直尺:抽查 10%
3	立柱中距(mm)	±50	直尺:抽查 10%
4	立柱竖直度(mm/m)	±10	竖直度测量仪:10%
5	壁(板)厚(mm)	±0.25	千分尺:抽检 10%
6	旋转体外廓尺寸(mm)	±5	卡尺、卷尺:抽检 5%
7	镀(涂)层厚度(μm)	符合设计	测厚仪:抽检 10%
8	基础几何尺寸(mm)	符合设计规定	直尺:抽查 10%
9	基础混凝土强度(MPa)	在合格标准内	按现行《公路工程质量检验评定标准》(JTG F80/1)附录 D 检查

3)外观质量

(1)直线段护栏不得有明显的凹凸、起伏现象;曲线段护栏应圆滑顺畅,与线形协调一致。

(2)所有构件不应因运输、施工造成防腐层的损伤。

(3)立柱及柱帽安装牢固,其顶部应无明显塌边、变形、开裂等缺陷。

(4)旋转体的外观应无明显刮擦、凹陷、凸起及变形等缺陷。

8.4.4 养护与维修

1）常规养护

多功能型护栏的常规养护的检查频率可参照波形梁护栏的要求执行，检查内容则主要包括结构件、螺栓紧固件、轮廓标等是否有缺失情况，以及钢构件是否存在锈蚀、变形、损坏等病害情况。一旦发现构件缺失或变形，应及时进行构件补缺和更换；而对于锈蚀病害，若不严重则可进行二次喷涂防腐处理，若锈蚀严重，则应及时更换构件。

2）事故后维修

可按照波形梁护栏的养护维修要求，对在车辆碰撞事故中损坏的护栏结构段，应对损坏的结构段进行整体更换或维修。

8.5 防撞型声屏障

8.5.1 施工工艺

在实际工程中，防撞声屏障结构的施工包括图 8-8 所示的工作内容及工艺流程。

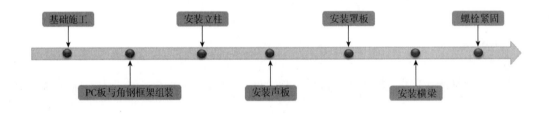

图 8-8　防撞型声屏障施工流程

1）基础施工

基础施工参照新型混凝土护栏施工工艺研究执行，立柱地脚螺栓采用预埋的方式施工，地脚螺栓与钢筋冲突时，可适当调整钢筋的位置，地脚螺栓可与周边辅助钢筋焊接固定，防止浇筑时发生跑偏。严格检查地脚螺栓的位置无误后方可进行浇筑，并随时检查有无偏差，地脚螺栓间距偏差为±1mm，竖直度偏差为±1mm，地脚螺栓露出预埋钢板长度偏差为 0~+2mm。

2）PC 板与角钢框架组装

组装声板时，将 PC 板放入角钢边框内，背部加 3mm 钢板对夹，并用 M6×25 螺栓将三者连接，从而组装成声板单元。

3）安装立柱

立柱在吊装时，必须使用尼龙带。立柱安装时，应注意不宜将螺栓拧紧，以便后续安装横梁时调整线形。立柱安装时注意地脚螺栓为双螺母紧固，所采用的垫圈厚度应不小于 4mm。安装时不得采取违规操作破坏立柱的镀锌防腐层和装饰塑膜层。

4）安装声板

声板在吊装时，必须使用尼龙带，声板装卸时应谨慎，由于声板外壳质软容易变形，禁止野蛮装卸，避免声板变形后无法使用造成不必要的浪费。根据立柱长度和声板宽度，规范安装，并按先装上声板、再安装下声板的顺序进行。安装过程注意将上、下声板准确安入立柱的声板安装槽，需要多人配合安装（图 8-9）。

第8章 新技术成果施工与验收

图 8-9 声屏障声板安装

5）安装罩板

罩板的作用是将声屏障上、下声板及下声板与基础的缝隙封闭，以防止交通噪声的传播。下罩板的安装应在安装下声板时就位，而上罩板的安装则应在上下声板均定位后再安装。

6）安装横梁

罩板安装完后，便可安装横梁，安装横梁时应注意上、下横梁的区分，并按先装下横梁、再安装上横梁的顺序进行，横梁安装后线形应保持平顺。

安装过程中，不得违规操作损坏横梁的镀锌防腐层。调整完线形后，可以逐一将立柱螺栓、横梁的连接与拼接螺栓均拧紧（图 8-10）。

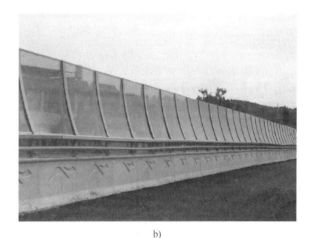

图 8-10 声屏障横梁安装及最终效果

7）螺栓紧固

对全部声板螺栓、横梁螺栓、地脚螺栓等进行全面紧固，并在声板和立柱顶部安装防止声板脱落的安全绳。

8.5.2 材料要求

1）钢材

防撞型声屏障的立柱、横梁、拼接套管等构件所用底材均为 Q345 钢，地脚螺栓、拼接螺栓、连接螺栓等的材质均为 45# 钢，其他钢构件及螺栓均采用 Q235 钢。所用钢材均应符合现行《碳素结构钢》（GB/T 700）及《低合金高强度结构钢》（GB/T 1591）的相关规定，所用螺栓、螺母、垫圈应符合现行

《钢结构用高强度大六角头螺栓》(GB/T 1228)、《钢结构用高强度大六角头螺母》(GB/T 1229)和《钢结构用高强度垫圈》(GB/T 1230)的有关规定。

2)声学材料

所采用的 PC 耐力板双面均应涂布不低于 50μm 厚的 UV 涂层,室外使用年限应不低于10年;材料的物理、力学性能除应满足《聚碳酸酯(PC)实心板》(JGT 347—2012)的要求外,还应满足《公路声屏障》(JT/T 646—2016)的相关要求。并必须提供相应批次材料的性能检测报告,检测报告的检测项目不应少于表 8-10 所列的项目。

声板材料(PC 耐力板)关键性能指标要求 表 8-10

序号	性能指标		技术要求
1	隔声量(dB)		≥20
2	断裂伸长率(%)		≥4
3	拉伸强度(MPa)		≥70
4	弯曲强度(MPa)		≥95
5	弹性模量(MPa)		≥3100
6	线性热膨胀系数 mm/(m·℃)		≤0.07
7	软化温度(℃)		≥110
8	燃烧性能等级		B1
9	紫外线透射比		≤0.001%
10	耐候性能(2000h)	色差	≤5.0
		黄色指数变化	≤3.0

8.5.3 验收标准

1)基本要求

(1)防撞型声屏障与混凝土护栏组合体系安全性能应满足设计要求,并具有相应的安全性能评价报告。

(2)声屏障基础的锚固深度、材料质量应符合设计要求。

(3)立柱及横梁金属构件的规格、材质应不低于设计要求。

(4)屏体 PC 声板须具备声学性能检测报告,且其产品声学性能不得小于设计要求。

(5)安装紧固件必须符合设计要求和现行标准的规定。

(6)立柱、横梁、连接件和声屏障屏体在运输时,应采取可靠措施防止构件变形或防腐处理层损坏,严禁安装变形的构件。

(7)固定螺栓紧固,位置正确,数量符合设计要求。

(8)屏体与立柱及屏体与基础的连接缝密实,符合设计要求。

2)实测项目要求

防撞型声屏障施工验收时,其现场检验的实测项目、检测方法和标准要求均应符合表 8-11 所示的要求。

防撞型声屏障实测项目表 表 8-11

项次	检查项目	规定值或允许偏差	检查方法和频率
1	顶面高程(mm)	±20	水准仪;按标准段数检查30%
2	横梁高度偏差(mm)	±5	尺量;抽检5%

续上表

项次	检查项目	规定值或允许偏差	检查方法和频率
3	PC声板厚度(mm)	±0.5	游标卡尺;按标准段数检查30%
4	立柱中距(mm)	±50	钢卷尺;按标准段数检查30%
5	立柱竖直度(mm/m)	3	尺量、垂线;按标准段数检查30%
6	镀(涂)层厚度(μm)	符合设计	测厚仪;抽检10%

3）外观质量

（1）金属构件镀（涂）层均匀,不得出现镀（涂）层剥落面、出现气泡、未镀（涂）面、刻痕、划伤面等。

（2）屏体表面平整、颜色均匀一致,无裂纹、划伤面,凹凸面不超过面积的0.1%。

（3）屏体间的缝隙必须密实并且平整,不得出现凹凸、拼缝错位。

（4）声屏障安装完成后线形应与道路线形相协调、平顺。

8.5.4 养护与维修

1）常规养护

防撞型声屏障的常规养护的检查频率可按常规声屏障的要求执行,检查内容则主要包括结构件、螺栓紧固件、声板等是否有缺失情况,以及钢构件是否存在锈蚀、变形、损坏等病害情况,PC声板材料是否老化的情况等。一旦发现构件缺失或变形,应及时进行构件补缺和更换;而对于锈蚀病害,若不严重则可进行二次喷涂防腐处理,若锈蚀严重,则应及时进行更换构件。

2）事故后维修

当防撞型声屏障在车辆碰撞事故中损坏时,应及时对损坏的结构段进行整体更换或维修。

参 考 文 献

[1] 中国交通年鉴社.2014 中国交通年鉴[R].北京:中国交通年鉴社,2014.
[2] 中华人民共和国交通运输部.2013 年公路水路交通运输行业发展统计公报[R].北京:中华人民共和国交通运输部,2014.
[3] 中国交通发展综合报告编委会.中国交通发展综合报告[M].北京:中国铁道出版社,2016.
[4] 公安部交通管理局.中华人民共和国道路交通事故统计年报(2015 年度)[R].北京:公安部交通管理局,2016.
[5] 中华人民共和国行业标准.JTG B01—2014 公路工程技术标准[S].北京:人民交通出版社股份有限公司,2014.
[6] 中华人民共和国行业标准.JTG D81—2017 公路交通安全设施设计规范[S].北京:人民交通出版社股份有限公司,2017.
[7] 中华人民共和国行业标准.JTG D81—2017 公路交通安全设施设计细则[S].北京:人民交通出版社股份有限公司,2017.
[8] 中华人民共和国行业标准.JTG B05-01—2013 公路护栏安全性能评价标准[S].北京:人民交通出版社,2013.
[9] 高海龙,李长城.路侧安全设计指南[M].北京:人民交通出版社,2008.
[10] 何勇,唐琤琤,等.道路交通安全技术[M].北京:人民交通出版社,2008.
[11] 吴华金,胡江碧.山区高速公路安全工程[M].北京:人民交通出版社股份有限公司,2014.
[12] 侯德藻.山区高速公路安全设计指南[M].北京:人民交通出版社股份有限公司,2014.
[13] 陈宽民,李岩辉,谢晓如.山区高速公路路侧安全保障理论与方法[M].北京:科学出版社,2017.
[14] 郭忠印.道路安全工程[M].北京:人民交通出版社,2012.
[15] 吴继忠,曾维成,贺志昂,等.基于高速公路安全防护风险评估技术的交互式护栏设计方法[J].公路,2017(11):174-177.
[16] 彭建华,金龙哲.道路交通的风险分析与控制[J].安全,2004,(5):7-8.
[17] 唐洪.风险控制理论与道路安全交通[J].学术研究,2006,6:84-85.
[18] 刘东,路峰,马社强,等.道路交通安全综合评价体系评价指标的筛选与确定[J].中国人民公安大学学报(自然科学版),2005(1):84-87.
[19] 阚伟生,李长城,汤筠筠.公路路侧安全问题对策研究[J].公路,2007(3):97-101.
[20] 陈乐生,游宏,李永江,等.山区一般公路路侧危险度划分方法研究[J].公路,2005(11):159-163.
[21] 荆坤,侯建伟,曾维成,等.基于实车足尺碰撞试验的防撞声屏障研究[J].公路,2017(12):199-201.
[22] 吴云,杨俊宏,刘小勇,等.声屏障防撞安全技术仿真分析[J].公路,2017(5):190-193.
[23] 樊思林,陈武,梁亚平,等.一种适用小半径路段的多功能型中央分隔带护栏开发[J].公路,2017(7):244-248.
[24] 岳锐强,李文,张翔,等.新型四级多功能型护栏实车足尺碰撞试验研究[J].公路,2017(11):187-191.
[25] 钱坤,张晓锋,曾维成,等.高速公路高吸能型防撞垫结构探析[J].公路交通科技(应用技术版),2016(8):254-255.
[26] 张晓锋,马亮,曾维成,等.基于多角度碰撞的可导向防撞垫安全性能评价[J].公路交通科技(应用技术版),2016(11):240-242.

[27] 梁亚平.新型框架式中央分隔带开口护栏结构探析[J].公路交通科技(应用技术版),2016,12(10):200-201.

[28] 吕国仁,等.新型波形梁护栏端头开发[J].交通运输工程学报,2008(6):53-56.

[29] 周志伟,吴洵,王成虎.波形梁护栏与混凝土护栏过渡段安全性能研究[J].公路工程,2016,41(3):162-164.

[30] 龚平,王新,王燕德.高防护等级桥梁钢护栏景观设计研究[J].公路交通科技(应用技术版),2016(3):341-344.

[31] 方坚宇,张颖,刘小勇,等.凤凰型美观混凝土护栏开发研究[J].公路工程,2008,33(6):126-129.

[32] 陈君朝,马亮,荆坤.高速公路中央分隔带景观混凝土护栏结构研究与安全性能评价[J].公路交通科技:应用技术版,2015(1):162-167.

[33] AASHTO.Manual for Assessing Safety Hardware[S].Washington DC,2016.

[34] European Standard BS EN 1317-1:2010 Road restraint systems.Part 1:Terminology and general criteria fortest methods[S].CEN,2010.

[35] European Standard BS EN 1317-1:2010 Road restraint systems.Part 2:Performance classes, impact testaccсptance criteria and test methods forsafety barriers including vehicle parapets[S].CEN,2010.

[36] AASHTO.NCHRP Report 350:Recommended Proceduresfor the Safety Performance Evaluation ofHighway Features[R].Washington DC,1993.

[37] AASHTO.Roadside Design Guide[M].Washington DC,2011.

[38] AASHTO.Guide for Selecting, Locating and Designing Traffic Barriers[M].Washington DC,1977.

[39] AASHTO.Highway Safety Design and Operations Guide[M].Washington DC,1997.

[40] AASHTO.A Policy on Geometric Design of Highways and Streets.5th ed[M].Washington DC,2011.

[41] AASHTO.AASHTO/FHWA Joint Implementation Plan for the AASHTO Manual for Assessing Safety Hardware[M].Washington DC,2008.

[42] AASHTO.A Guide to Standardized Hignway Barrier Hardware[M].Washington DC,1995.

[43] AASHTO.AASHTO LRFD Bridge Design Specifications[M].Washington DC,2010.

[44] FHWA.Memorandum:Guidelines for the Selection of W-Beam Barrier Terminals[M].Washington DC, October 26,2004.

[45] AASHTO.Task Force on Work Site Accident Data, Summary Report on Work Zone Accidents[R].Washington DC,July 1987.